논어와 삶의 지혜

정태성

머리말

고전이 중요한 이유는 예전에 살던 사람이나 현대를 살아가는 우리 모두에게 삶의 지혜를 주기 때문이라고 생각합니다. 흔히 보편적인 것들은 많은 경우에 잘 들어맞습니다. 고전을 읽는 이유는 그러한 보편적인 것들을 배울 수 있기 때문일 것입니다.

어릴 적부터 학교에서 접했던 논어를 나중에 차근차근 다시 읽을 기회가 있었습니다. 전에 몰랐던 것을 알게 되었고, 읽을 때마다 새로운 것들을 느끼고 배울 수 있었습니다. 논어가 고전이라는 것을 절실히 느꼈습니다.

논어를 비롯한 고전은 읽을 때마다 새로운 것 같습니다. 또 다른 삶의 지혜를 배울 수 있기에 끊임없이 계속해서 읽으려고 합니다. 논어를 읽으며 직접 써보고 해석해보고 싶었습니다. 국내에 나와 있는 여러 책을 참고로 하여 저의 생각은 배제한 채 묶어보았습니다. 비록 부족한 것들이 많으나 몇몇 분들에게라도 조그만 도움이 되었으면 합니다.

2023. 8.

차례

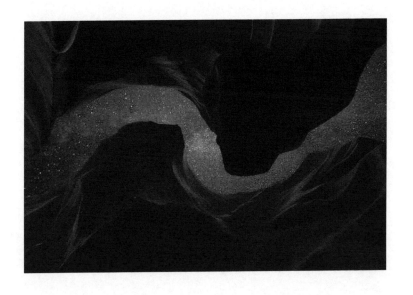

1. 學而

子曰, "學而時習之, 不亦說乎? 有朋自遠方來, 不亦樂乎? 人不知而不慍, 不亦君子乎?"

공자께서 말씀하셨다. "배우고 때때로 그것을 익히면 또한 기쁘지 않은가? 벗이 먼 곳에서 찾아오면 또한 즐겁지 않은가? 남이 알아주지 않아도 성내지 않는다면 또한 군자답지 않은가?"

有子曰, "其爲人也孝弟, 而好犯上者, 鮮矣, 不好犯上, 而好作亂者, 未之有也. 君子務本, 本立而道生. 孝弟也者, 其爲仁之本與!"

유자가 말했다. "그 사람됨이 부모에게 효도하고 어른에게 공경스러우면서 윗사람 해치기를 좋아하는 사람은 드물다. 윗사람 해치기를 좋아하지 않으면서 질서를 어지럽히기를 좋아하는 사람은 없다. 군자는 근본에 힘쓰는 것이니, 근본이 확립되면 따라야 할 올바른 도리가 생겨난다. 효도와 공경이라는 것은 바로 인을 실천하는 근본이니라!"

子曰, "巧言令色, 鮮矣仁!"

공자께서 말씀하셨다. "말을 교묘하게 하고 얼굴빛을 곱게 꾸미는 사람들 중에는 인(仁)한 이가 드물다."

曾子曰, "吾日三省吾身, 爲人謀而不忠乎? 與朋友交而不信乎? 傳不習乎?"

증자는 말했다. "나는 날마다 세 가지 점에 대해 나 자신을 반성한다. 남을 위하여 일을 꾀하면서 진심을 다하지 못한 점은 없는가? 벗과 사귀면서 신의를 지키지 못한 일은 없는가? 배운 것을 제대로 익히지 못한 것은 없는가?"

子曰, "道千乘之國, 敬事而信, 節用而愛人, 使民以時."

공자께서 말씀하셨다. "나라를 다스릴 때는 일을 신중하게 처리하고 백성들의 신뢰를 얻어야 하며, 씀씀이를 절약하고 사람들을 사랑해야 하며, 백성들을 동원할 경우에는 때를 가려서 해야 한다."

子曰, "弟子, 入則孝, 出則悌, 謹而信, 汎愛衆, 而親仁. 行有餘力, 則以學文."

공자께서 말씀하셨다. "젊은이들은 집에 들어가서는 부모님께 효도하고 나가서는 어른들을 공경하며, 말과 행동을 삼가하고 신의를 지키며, 널리 사람들을 사랑하되 어진 사람과 가까이 지내야 한다. 이렇게 행하고서 남은 힘이 있으면 그 힘으로 글을 배우는 것이다."

子夏曰, "賢賢易色, 事父母, 能竭其力, 事君, 能致其身, 與朋友交, 言而有信. 雖曰未學, 吾必謂之學矣."

자하가 말하였다. "어진 이를 어진 이로 대하기를 마치 여색을 좋아하듯이 하고, 부모를 섬길 때는 자신의 힘을 다할 수 있으며, 임금을 섬길 때는 자신의 몸을 다 바칠 수 있고, 벗과 사귈 때는 언행이 믿음이 있다면, 비록 배운 게 없다고 하더라도 나는 반드시 그를 배운 사람이라고 할 것이다."

子曰, "君子不重, 則不威, 學則不固. 主忠信. 無友不如己者. 過則勿憚改."

공자께서 말씀하셨다. "군자가 신중하지 않으면 위엄이 없으며, 배워도 견고하지 않게 된다. 충실과 신의를 중시하고, 자기보다 못한 자를 벗으로 사귀지 말며, 잘못이 있으면 고치기를 꺼리지 말아야 한다."

曾子曰, "愼終追遠, 民德歸厚矣."

증자가 말하였다. "장례를 신중하게 치르고 먼 조상의 제사에도 정성을 다하면, 백성들의 인정이 돈독해질 것이다."

子禽問於子貢曰, "夫子至於是邦也, 必聞其政, 求之與? 抑與之與?" 子貢曰, "夫子溫良恭儉讓以得之. 夫子之求之也, 其諸異乎人之求之與?"

자금이 자공에게 물었다. "선생님(공자)께서는 어떤 나라든지 그 나라에 가시면 반드시 그 나라의 정치에 대해 듣게 되시는데, 이는 선생님께서 요청하신 것입니까? 그렇지 않으면 그 나라에서 자발적으로 자문을 구하는 것입니까?"
자공이 말하였다. "선생님께서는 온화, 선량, 공손, 검소, 겸양의 인품으로 인하여 자연히 듣게 되시는 것입니다. 이처럼 선생님께서 정치에 관심을 가지시는 것은, 다른 사람들이 정치권력에 가까이하고자 하는 것과는 다릅니다."

子曰, "父在觀其志, 父沒觀其行, 三年無改於父之道, 可謂孝矣."

공자께서 말씀하셨다. "아버지께서 살아계실 경우에는 자식의 속마음을 살펴보고, 아버지께서 돌아가신 후에는 자식의 행동을 살펴보아야 한다. 그리고 3년 동안 아버지께서 하시던 방법을 고치지 않아야 효도한다고 말할 수 있다."

有子曰, "禮之用, 和爲貴. 先王之道, 斯爲美, 小大由之. 有所
不行, 知和而和, 不以禮節之, 亦不可行也."

유자가 말하였다. "예(禮)의 기능은 화합이 귀중한 것이다.
옛 왕들의 도는 이것을 아름답다고 여겨서, 작고 큰 일들에서
모두 이러한 이치를 따랐다. 그렇게 해도 세상에서 통하지 못
하는 경우가 있는데 화합을 이루는 것이 좋은 줄 알고 화합
을 이루되 예로써 절제하지 않는다면 또한 세상에서 통하지
못하는 것이다."

有子曰, "信近於義, 言可復也. 恭近於禮, 遠恥辱也. 因不失其
親, 亦可宗也."

유자가 말하였다. "약속한 것이 도의에 가깝다면 그 말을 실
천할 수 있고, 공손함이 예에 가깝다면 치욕을 멀리할 수 있
다. 의탁하여도 그 친한 관계를 잃지 않을 수 있다면 또한 지
도자가 될 수 있다."

子曰, "君子食無求飽, 居無求安, 敏於事而愼於言, 就有道而正
焉, 可謂好學也已."

공자께서 말씀하셨다. "군자는 먹는 것에 대해 배부름을 추
구하지 않고, 거처하는 데 편안함을 추구하지 않는다. 또한

일하는 데 민첩하고 말하는 데는 신중하며, 도의를 아는 사람에게 나아가 자신의 잘못을 바로잡는다. 이런 사람이라면 배우기를 좋아한다고 할 만하다."

子貢曰, "貧而無諂, 富而無驕, 何如?" 子曰, "可也, 未若貧而樂, 富而好禮者也." 子貢曰, "詩云, '如切如磋, 如琢如磨', 其斯之謂與?" 子曰, "賜也, 始可與言詩已矣, 告諸往而知來者."

자공이 말하였다. "가난하면서도 남에게 아첨하지 않고 부유하면서도 다른 사람에게 교만하지 않는다면 어떻습니까?"
공자께서 말씀하셨다. "그 정도면 괜찮은 사람이지. 그러나 가난하면서도 즐겁게 살고 부유하면서도 예의를 좋아하는 것만은 못하다."
자공이 말하였다. "『시경』에서 말하기를 '칼로 자르는 듯, 줄로 가는 듯, 정으로 쪼는 듯, 숫돌로 광을 내는 듯 하도다'라고 하였는데 이를 말씀하시는 것입니까?"

子曰, "不患人之不己知, 患不知人也."

공자께서 말씀하셨다. "남이 자신을 알아주지 못할까 걱정하지 말고 내가 남을 제대로 알지 못함을 걱정해야 한다."

2. 爲政

子曰, "爲政以德, 譬如北辰, 居其所而衆星共之."

공자께서 말씀하셨다. "덕으로 정치를 하는 것은, 비유하자면 북극서은 제자리에 있고 모든 별들이 그를 받들며 따르는 것과 같다."

子曰, "詩三百, 一言以蔽之, 曰, '思無邪'."

공자께서 말씀하셨다. "『시경』에 있는 삼백 편의 시를 한 마디로 이야기하자면 '생각에 거짓됨이 없다'는 것이다."

子曰, "道之以政, 齊之以刑, 民免而無恥, 道之以德, 齊之以禮, 有恥且格."

공자께서 말씀하셨다. "백성들을 정치로 인도하고 형벌로 다스리면 백성들은 형벌을 면하고도 부끄러워함이 없다. 그러나 덕으로 인도하고 예로써 다스리면, 백성들은 부끄러워할 줄도 알고 또한 잘못을 바로잡게 된다."

子曰, "吾十有五而志于學, 三十而立, 四十而不惑, 五十而知天命, 六十而耳順, 七十而從心所欲, 不踰矩."

공자께서 말씀하셨다. "나는 열다섯 살에 학문에 뜻을 두었고 서른 살에 세계관을 확립하였으며, 마흔 살에는 미혹됨이 없게 되었고 쉰 살에는 하늘의 뜻을 알게 되었으며, 예순 살에는 무슨 일이든 듣는 대로 순조롭게 이해했고, 일흔 살에는 마음 가는 대로 따라 해도 법도에 어긋나지 않았다."

孟懿子問孝. 子曰, "無違." 樊遲御, 子告之曰, "孟孫問孝於我, 我對曰, 無違." 樊遲曰, "何謂也?" 子曰, "生事之以禮, 死葬之以禮, 祭之以禮."

맹의자가 효에 대해 묻자 공자께서 말씀하셨다. "어긋남이 없는 것이다."
번지가 수레를 몰고 있을 때 공자께서 그에게 그 일을 말씀하셨다. "맹손씨가 나에게 효에 대해 묻기에 '어긋남이 없는 것이다'라고 대답하였다."
번지가 여쭈었다. "무슨 뜻으로 말씀하신 것입니까?"
공자께서 말씀하셨다. "살아계실 때는 예의를 갖추어 섬기고 돌아가신 후에는 예법에 따라 장례를 치르고 제사를 지내라는 것이다."

孟武伯問孝. 子曰, "父母唯其疾之憂."

맹무백이 효에 대해 묻자 공자께서 말씀하셨다. "부모는 오직 그 자식이 병날까 그것만 근심하신다."

子游問孝. 子曰, "今之孝者, 是謂能養. 至於犬馬, 皆能有養, 不敬, 何以別乎?"

자유가 효에 대해 묻자 공자께서 말씀하셨다. "요즘의 효라는 것은 부모를 물질적으로 봉양할 수 있는 것을 말한다. 그러나 개나 말조차도 모두 먹여 살리기는 하는 것이니, 공경하지 않는다면 짐승과 무엇으로 구별하겠는가?"

子夏問孝. 子曰, "色難. 有事, 弟子服其勞, 有酒食, 先生饌, 曾是以爲孝乎?"

자하가 효에 대해 묻자 공자께서 말씀하셨다. "항상 밝은 얼굴로 부모를 대하는 일이 어렵다. 일이 있을 때는 아랫사람이 그 수고로움을 대신하고, 술이나 음식이 있을 때는 윗사람이 먼저 드시게 하는 것을 가지고 효도라고 할 수 있겠느냐?"

子曰, "吾與回言終日, 不違如愚. 退而省其私, 亦足以發, 回也不愚."

공자께서 말씀하셨다. "내가 안회와 함께 하루종일 이야기를 해도 그는 어리석은 사람처럼 아무런 문제 제기도 하지 않는다. 그런데 그가 생활하는 것을 보니, 또한 그 내용을 충분히 실천한다. 안회는 어리석은 것이 아니다."

子曰, "視其所以, 觀其所由, 察其所安. 人焉廋哉? 人焉廋哉?"

공자께서 말씀하셨다. "그 사람이 하는 것을 보고, 그 동기를 살펴보고, 그가 편안하게 여기는 것을 잘 관찰해 보아라. 사람이 어떻게 자신을 숨기겠는가? 사람이 어떻게 자신을 숨기겠는가?"

子曰, "溫故而知新, 可以爲師矣."

공자께서 말씀하셨다. "옛 것을 익히고 새로운 것을 알면 스승이 될 만하다."

子曰, "君子不器."

공자께서 말씀하셨다. "군자는 그릇처럼 한 가지 기능에만 한정된 사람이 아니다."

子貢問君子. 子曰, "先行其言而後從之."

자공이 군자에 대해서 묻자 공자께서 말씀하셨다. "군자란 말보다 앞서 행동하고, 그 다음에 그에 따라 말을 한다."

子曰, "君子周而不比, 小人比而不周."

공자께서 말씀하셨다. "군자는 여러 사람들과 조화를 이루면서도 당파를 이루지는 않고, 소인은 당파를 형성하여 여러 사람들과 조화를 이루지 못한다."

子曰, "學而不思則罔, 思而不學則殆."

공자께서 말씀하셨다. "배우기만 하고 생각하지 않으면 막연하여 얻는 것이 없고, 생각만 하고 배우지 않으면 위태롭다."

子曰, "攻乎異端, 斯害也已."

공자께서 말씀하셨다. "이단을 공부하는 것은 해로울 뿐이다."

子曰, "由! 誨女知之乎! 知之爲知之, 不知爲不知, 是知也."

공자께서 말씀하셨다. "유야! 너에게 안다는 것에 대해 가르쳐 주랴? 아는 것을 안다고 하고 모르는 것을 모른다고 하는 것, 이것이 아는 것이다."

子張學干祿. 子曰, "多聞闕疑, 愼言其餘, 則寡尤, 多見闕殆, 愼行其餘, 則寡悔. 言寡尤, 行寡悔, 祿在其中矣."

자장이 출세하는 방법을 배우려고 하자 공자께서 말씀하셨다. "많은 것을 듣되 의심스러운 부분은 빼놓고 그 나머지를 조심스럽게 말하면 허물이 적다. 또한 많은 것을 보되 위태로운 것을 빼놓고 그 나머지를 조심스럽게 행하면 후회하는 일이 적을 것이다. 말에 허물이 적고 행동에 후회가 적으면 출세는 자연히 이루어진다."

哀公問曰, "何爲則民服?" 孔子對曰, "擧直錯諸枉, 則民服, 擧枉錯諸直, 則民不服."

애공이 여쭈었다. "어떻게 하면 백성들이 따릅니까?" 공자께서 말씀하셨다. "정직한 사람을 등용하여 그릇된 사람의 위에 놓으면 백성들이 따르고, 그릇된 사람을 등용하여 정직한 사람의 위에 놓으면 백성들은 따르지 않습니다."

季康子問, "使民敬忠以勸, 如之何?" 子曰, "臨之以莊則敬, 孝慈則忠, 擧善而敎不能則勸."

계강자가 물었다. "백성들이 윗사람을 공경하고 진심으로 따르며 열심히 일하도록 하려면 어떻게 해야 합니까?"

공자께서 말씀하셨다. "위엄 있는 태도로 대하면 백성들이 공경하게 되고, 부모님께 효도하고 아랫사람을 사랑하면 진심으로 따르게 되며, 능력 있는 사람을 등용하여 부족한 사람을 가르치도록 하면 백성들은 열심히 일하게 됩니다."

或謂孔子曰, "子奚不爲政?" 子曰, "書云, '孝乎惟孝, 友于兄弟, 施於有政.' 是亦爲政, 奚其爲爲政?"

어떤 사람이 공자에게 말했다. "선생께서는 왜 정치를 하지 않으십니까?"

공자께서 말씀하셨다. "『서경』에 이르기를 '효도로다! 오직 효도하고 형제간에 우애하며 이를 정사(政事)에 반영시켜라'라고 하였다. 이 또한 정치를 하는 것인데 어찌 관직에 나가야만 정치를 한다고 하겠는가?"

子曰, "人而無信, 不知其可也. 大車無輗, 小車無軏, 其何以行之哉?"

공자께서 말씀하셨다. "사람에게 신의가 없으면 그 쓸모를 알 수가 없다. 만일 큰 수레에 소의 멍에를 맬 데가 없고 작은 수레에 말의 멍에를 걸 데가 없으면 어떻게 그것을 끌고 갈 수 있겠느냐?"

子張問十世可知也. 子曰, "殷因於夏禮, 所損益, 可知也, 周因
於殷禮, 所損益, 可知也. 其或繼周者, 雖百世, 可知也."

자장이 여쭈었다. "열 왕조 뒤의 변화를 알 수 있습니까?"
공자께서 말씀하셨다. "은나라는 하나라의 예절과 법도를 따
랐으니 거기에서 보태거나 뺀 것을 알 수 있고, 주나라는 은
나라의 예절과 법도를 따랐으니 거기에서 보태거나 뺀 것을
알 수 있다. 그 누군가 주나라를 계승하는 자가 있다면 백 왕
조 뒤의 일이라 할지라도 알 수 있을 것이다."

子曰, "非其鬼而祭之, 諂也. 見義不爲, 無勇也."

공자께서 말씀하셨다. "자기가 모셔야 할 귀신이 아닌데도
그를 제사지내는 것은 아첨이다. 마땅히 해야 할 일을 보고도
하지 않는 것은 용기가 없는 것이다."

3. 八佾

孔子謂季氏, "八佾舞於庭, 是可忍也, 孰不可忍也?"

공자께서 계씨에 대하여 말씀하셨다. "뜰에서 천자인 양 여덟 줄로 춤추게 하다니, 이것을 참고 봐줄 수 있다면 그 무엇인들 참고 봐주지 못하겠는가?

三家者以雍徹. 子曰, "'相維辟公, 天子穆穆', 奚取於三家之堂?"

노나라의 세도가인 세 대부의 집안에서 제사를 지낸 후에 『시경』의 「옹」을 노래하면서 제기를 거두자, 공자께서 말씀하셨다. "'(제사를) 돕는 것은 제후들이요, 천자께서는 장엄하시도다'라는 가사의 노래를 어찌 세 대부들 집안의 사당에서 쓰는가?"

子曰, "人而不仁, 如禮何? 人而不仁, 如樂何?"

공자께서 말씀하셨다. "사람이 되어서 인하지 못하다면 예의를 지킨들 무엇하겠는가? 사람이 되어서 인하지 못하다면 음악을 한들 무엇하겠는가?"

林放問禮之本. 子曰, "大哉問! 禮, 與其奢也寧儉, 喪, 與其易也寧戚."

임방이 예의 근본을 여쭙자 공자께서 말씀하셨다. "대단한 질문이로다! 예는 사치스럽다기보다는 차라리 검소한 것이 낫고, 상례는 형식을 잘 갖추기보다는 오히려 슬퍼하는 것이 낫다."

子曰, "夷狄之有君, 不如諸夏之亡也."

공자께서 말씀하셨다. "오랑캐에게도 임금이 있으니, 중원의 여러 나라에서 임금이 있는지 없는지 모를 정도로 법도가 무너진 것과는 다르다."

季氏旅於泰山. 子謂冉有曰, "女弗能救與?" 對曰, "不能." 子曰, "嗚呼! 曾謂泰山不如林放乎?"

계손씨가 태산에서 제사를 지내려 하자, 공자께서 염유에게 말씀하셨다. "자네가 막을 수 없겠는가?"
염유가 대답하였다. "제 힘으로는 불가능합니다."
공자께서 말씀하셨다. "아아, 어찌 태산이 임방만도 못하다고 생각하는가!"

子曰, "君子無所爭. 必也射乎! 揖讓而升, 下而飮. 其爭也君子."

공자께서 말씀하셨다. "군자는 다투는 일이 없으나, 꼭 하나 있다면 그것은 활쏘기로다! 그러나 절하고 사양하며 활쏘는 자리에 오르고, 내려와서는 벌주를 마시니 그 다투는 모습도 군자답다."

子夏問曰, "'巧笑倩兮, 美目盼兮, 素以爲絢兮.'何謂也?" 子曰, "繪事後素." 曰, "禮後乎?" 子曰, "起予者商也! 始可與言詩已矣."

자하가 여쭈었다. "'고운 웃음에 보조개가 아름답고, 아름다운 눈에 눈동자가 또렷하니, 흰 바탕에 무늬를 더하였네!'라는 것은 무엇을 말하는 것입니까?"
공자께서 말씀하셨다. "그림 그리는 일은 흰 바탕이 있은 다음이라는 것이다."
자하가 말하였다. "에는 나중 일이라는 말씀이십니까?"
공자께서 말씀하셨다. "나를 일으켜 주는 자는 상이로구나! 비로소 자네와 함께 시를 말할 수 있게 되었구나."

子曰, "夏禮吾能言之, 杞不足徵也, 殷禮吾能言之, 宋不足徵也.

文獻不足故也. 足則吾能徵之矣."

공자께서 말씀하셨다. "하나라의 에에 대해서 내가 이야기할 수는 있지만 그 뒤를 잇는 기나라로는 확증하기에 부족하고, 은나라의 에에 대해서도 내가 말할 수는 있지만 그 뒤를 잇는 송나라로는 확증하기에 부족하다. 이는 자료와 현명한 사람들이 부족하기 때문이니, 이것만 충분하다면 내가 증명할 수 있을 것이다."

子曰, "禘自旣灌而往者, 吾不欲觀之矣."

공자께서 말씀하셨다. "체 제사를 지낼 때, 술을 땅에 부으며 신의 강림을 청하는 절차 이후는, 나는 보고 싶지 않다."

或問禘之說. 子曰, "不知也, 知其說者之於天下也, 其如示諸斯乎!" 指其掌.

어떤 사람이 체 제사의 이론에 관해서 질문하자, 공자께서 말씀하셨다. "모르겠소. 그 뜻을 아는 사람이라면 천하를 다스리는 일은 이것을 보는 것과 같을 것이오!" 라고 하면서 자신의 손바닥을 가리키셨다.

祭如在, 祭神如神在. 子曰, "吾不與祭, 如不祭."

공자께서는 조상에게 제사를 지내실 때에는 조상께서 살아계신 듯이 하셨고, 다른 신께 제사 지낼 때는 그 신이 와 계신 듯이 하셨다. 공자께서 말씀하셨다. "내 자신이 제사에 참여하지 않는다면, 그것은 제사를 지내지 않는 것과 같다."

王孫賈問曰, "與其媚於奧, 寧媚於竈, 何謂也?" 子曰, "不然, 獲罪於天, 無所禱也."

왕손가가 물었다. "안방에다가 잘 보이기보다는 차라리 부엌에게 잘 보인다고 하는 것은 무슨 뜻입니까?"
공자께서 말씀하셨다. "그렇지 않소. 하늘에 죄를 지으면 빌 곳이 없는 것이오."

子曰, "周監於二代, 郁郁乎文哉! 吾從周."

공자께서 말씀하셨다. "주나라는 하·은 두 나라를 본받아 문화가 찬란하도다! 나는 주나라를 따르리라."

子入太廟, 每事問. 或曰, "孰謂鄹人之子知禮乎? 入太廟, 每事問." 子聞之曰, "是禮也."

공자께서는 태묘에 들어가 매사를 물으셨다. 어떤 사람이 말하였다.
"누가 추 땅 사람의 아들이 예를 안다고 하였는가? 태묘에 들어가 매사를 묻더라."
공자께서 이 말을 듣고 말씀하셨다. "그것이 바로 예이다."

子曰, "射不主皮, 爲力不同科, 古之道也."

공자께서 말씀하셨다. "활쏘기를 할 때 과녁의 가죽을 꿰뚫는 데 주력하지 않는 것은 힘씀이 다 다르기 때문이니, 이것이 옛날의 도리이다."

子貢欲去告朔之餼羊. 子曰, "賜也! 爾愛其羊, 我愛其禮."

자공이 매월 초하루에 지내는 곡삭제에서 희생으로 양을 바치는 것을 없애려 하자, 공자께서 말씀하셨다. "사야, 너는 그 양을 아끼지만 나는 그 예를 아낀다."

子曰, "事君盡禮, 人以爲諂也."

공자께서 말씀하셨다. "임금을 섬김에 예를 다했더니, 사람들은 아첨한다고 여긴다."

定公問, "君使臣, 臣事君, 如之何?" 孔子對曰, "君使臣以禮, 臣事君以忠."

정공이 물었다. "임금이 신하를 부리고 신하가 임금을 섬기는 일은 어떻게 해야 합니까?"

공자께서 대답하셨다. "임금은 예로써 신하를 부리고, 신하
는 충으로써 임금을 섬겨야 합니다."

子曰, "關雎, 樂而不淫, 哀而不傷."

공자께서 말씀하셨다. "『시경』의 「관저」는 즐거우면서도
지나치지 않고 슬프면서도 마음을 상하게 하지는 않는다."

哀公問社於宰我. 宰我對曰, "夏后氏以松, 殷人以栢, 周人以栗,
曰, 使民戰栗." 子聞之曰, "成事不說, 遂事不諫, 旣往不咎."

애공이 재아(宰我)에게 사(社)에 대해 물었다. 재아(宰我)가 대
답하였다. "하나라 왕조는 소나무를 심었고, 은나라 사람들
은 측백나무를 심었습니다. 주나라 사람들은 밤나무〔栗〕를
심었는데, 백성들이 전율(戰栗)케 하려는 것이었다고 합니
다."

공자께서 이를 듣고 말씀하셨다. "이루어진 일은 논란하지
말고, 끝난 일은 따지지 말며, 이미 지나간 일은 허물하지 않
는 것이다."

子曰, "管仲之器小哉!" 或曰, "管仲儉乎?" 曰, "管氏有三
歸, 官事不攝, 焉得儉?" "然則管仲知禮乎?" 曰, "邦君樹塞
門, 管氏亦樹塞門. 邦君爲兩君之好, 有反坫, 管氏亦有反坫. 管

氏而知禮, 孰不知禮?" 子語魯大師樂, 曰, "樂其可知也, 始作,
翕如也, 從之, 純如也, 皦如也, 繹如也, 以成."

공자께서 말씀하셨다. "관중은 그릇이 작았도다!"
어떤 사람이 여쭈었다. "관중은 검소했습니까?"
공자께서 말씀하셨다. "관중은 집이 셋이나 있었고 가신들의
일을 겸직시키지 않았으니 어찌 검소하다고 할 수 있겠느
냐?"
"그러면 관중은 예를 알았습니까?"
"나라의 임금이라야 병풍으로 문을 가리는 법인데, 관중도
병풍으로 문을 가렸고, 나라의 임금이라야 두 임금이 함께 연
회를 할 때 술잔 놓는 자리를 둘 수 있는 법인데 관중도 또
한 술잔을 놓는 자리를 만들었다. 그런데도 관중이 예를 안다
면, 누가 예를 모른다고 하겠느냐?"

儀封人請見, 曰, "君子之至於斯也, 吾未嘗不得見也." 從者見
之. 出曰, "二三子何患於喪乎? 天下之無道也久矣, 天將以夫子
爲木鐸."

의 땅의 한 관리가 뵙기를 청하며 말했다. "군자께서 이 곳
에 오시면 내가 만나뵙지 못한 적이 없었습니다."
공자를 모시던 제자들이 뵙도록 안내해 주었더니, 뵙고 나와
서 말하였다. "그대들은 어째서 공자께서 벼슬이 없으심을
걱정하십니까? 천하의 도가 없어진 지 오래되었습니다. 하늘

이 앞으로 선생님을 세상의 목탁으로 삼으실 것입니다."

子謂韶, "盡美矣, 又盡善也." 謂武, "盡美矣, 未盡善也."

공자께서 소에 대해서는 "소리의 아름다움이 지극할 뿐 아니라 그 내용의 선함도 지극하다."고 하셨고, 무에 대해서는 "소리의 아름다움은 지극하지만 그 내용의 선함은 지극하지 못하다"고 하셨다.

子曰, "居上不寬, 爲禮不敬, 臨喪不哀, 吾何以觀之哉?"

공자께서 말씀하셨다. "윗자리에 있으면서 너그럽지 않고, 예를 실천하는 데 공경스럽지 않으며, 상을 당하여 슬퍼하지 않는다면, 내가 무엇으로 그 사람을 인정해 주겠는가?"

4. 里仁

子曰, "里仁爲美. 擇不處仁, 焉得知?"

공자께서 말씀하셨다. "마을의 풍속이 인하다는 것은 아름다운 것이다. 인한 마을을 잘 골라서 거처하지 않는다면 어찌 지혜롭다 하겠는가?"

子曰, "不仁者不可以久處約, 不可以長處樂. 仁者安仁, 知者利仁."

공자께서 말씀하셨다. "인하지 못한 사람은 오랫동안 곤궁하게 지내지도 못하고 오래도록 안락하게 지내지도 못한다. 인한 사람은 인을 편하게 여기고, 지혜로운 사람은 인을 이롭게 여긴다."

子曰, "唯仁者能好人, 能惡人."

공자께서 말씀하셨다. "오직 인한 사람만이 남을 좋아할 수도 있고, 남을 미워할 수도 있다."

子曰, "苟志於仁矣, 無惡也."

공자께서 말씀하셨다. "진실로 인에 뜻을 두면 악한 일은 하지 않을 것이다."

子曰, "富與貴, 是人之所欲也, 不以其道得之, 不處也. 貧與賤, 是人之所惡也, 不以其道得之, 不去也. 君子去仁, 惡乎成名? 君子無終食之間違仁, 造次必於是, 顛沛必於是."

공자께서 말씀하셨다. "부유함과 귀함은 사람들이 바라는 것이지만, 정당한 방법으로 얻은 것이 아니라면 그것을 누려서는 안 된다. 가난함과 천함은 사람들이 싫어하는 것이지만 부당하게 그렇게 되었다 하더라도 억지로 벗어나려 해서는 안 된다. 군자가 인을 버리고 어찌 군자로서의 명성을 이루겠는가? 군자는 밥 먹는 순간에도 인을 어기지 말아야 하고, 아무리 급한 때라도 인에 근거해야 하고, 위태로운 순간일지라도 반드시 인에 근거해야 한다."

子曰, "我未見好仁者, 惡不仁者. 好仁者, 無以尙之, 惡不仁者, 其爲仁矣, 不使不仁者加乎其身. 有能一日用其力於仁矣乎? 我未見力不足者. 蓋有之矣, 我未之見也."

공자께서 말씀하셨다. "나는 아직 인함을 좋아하는 사람과 인하지 않음을 미워하는 사람을 보지 못했다. 인함을 좋아하는 사람은 더할 나위가 없겠지만, 인하지 않음을 미워하는 사람은 자신이 인을 실천함에 있어서 인하지 않은 사람이 그 자신에게 영향을 미치게 하지 않는다. 하루라도 인을 위해 그 힘을 쓸 수 있는 사람이 있는가? 나는 그 능력이 모자라는 사람은 아직 보지 못했다. 아마도 있긴 하겠지만, 나는 아직 보지 못하였다."

子曰, "人之過也, 各於其黨. 觀過, 斯知仁矣."

공자께서 말씀하셨다. "사람의 허물은 각기 그가 어울리는 무리를 따른다. (그러므로) 그 허물을 보면 곧 그가 어느 정도 인한지를 알게 된다."

子曰, "朝聞道, 夕死可矣."

공자께서 말씀하셨다. "아침에 도(道)를 들어 알게 된다면 저녁에 죽어도 좋다."

子曰, "士志於道, 而恥惡衣惡食者, 未足與議也."

공자께서 말씀하셨다. "선비로서 도에 뜻을 두고도 나쁜 옷과 나쁜 음식을 부끄러워한다면 더불어 논의할 상대가 못된다."

子曰, "君子之於天下也, 無適也, 無莫也, 義之與比."

공자께서 말씀하셨다. "군자는 천하에서, 반드시 그래야만 한다는 것도 없고, 절대로 안 된다는 것도 없으며, 오직 의로움만을 따를 뿐이다."

子曰, "君子懷德, 小人懷土, 君子懷刑, 小人懷惠."

공자께서 말씀하셨다. "군자는 덕을 생각하지만 소인은 편히 머물 곳을 생각하고, 군자는 법을 생각하지만 소인은 혜택받기를 생각한다."

子曰, "放於利而行, 多怨."

공자께서 말씀하셨다. "이익에 따라서 행동하면 원한을 사는 일이 많아진다."

子曰, "能以禮讓爲國乎? 何有? 不能以禮讓爲國, 如禮何?"

공자께서 말씀하셨다. "예의와 겸양으로 일을 대한다면 나라를 다스리는 데 무슨 문제가 있겠는가? 예의와 겸양으로 나라를 다스릴 수 없다면 예는 있어 무었하겠는가?"

子曰, "不患無位, 患所以立. 不患莫己知, 求爲可知也."

공자께서 말씀하셨다. "지위가 없음을 걱정하지 말고 그 자리에 설 수 있는 능력을 갖추기를 걱정해야 하며, 자기를 알아주지 않는 것을 걱정하지 말고 남이 알아줄 만하게 되도록 노력해야 한다."

子曰, "參乎! 吾道一以貫之." 曾子曰, "唯." 子出, 門人問曰, "何謂也?" 曾子曰, "夫子之道, 忠恕而已矣."

공자께서 말씀하셨다. "삼아! 나의 도는 하나로 관통된다." 증자는 "예" 하고 주저 없이 대답하였다. 공자께서 나가시자 문인들이 물었다. "무슨 말씀이십니까?"
증자가 말하였다. "선생님의 도는 충(忠)과 서(恕)일 뿐이다."

子曰, "君子喩於義, 小人喩於利."

공자께서 말씀하셨다. "군자는 의리에 밝고 소인은 이익에 밝다."

子曰, "見賢思齊焉, 見不賢而內自省也."

공자께서 말씀하셨다. "어진 이를 보면 그와 같아질 것을 생

각하고, 어질지 못한 이를 보면 자신 또한 그렇지 않은지를
반성한다."

子曰, "事父母幾諫, 見志不從, 又敬不違, 勞而不怨."

공자께서 말씀하셨다. "부모를 섬길 때는 잘못하시는 점이
있더라도 조심스럽게 말씀드려야 하고, 그 말을 따르지 않을
뜻을 보이더라도, 더욱 공경하여 부모의 뜻을 어겨서는 안 되
며, 아무리 힘들더라도 부모를 원망해서는 안 된다."

子曰, "父母在, 不遠遊, 遊必有方."

공자께서 말씀하셨다. "부모가 생존해 계실 때는 먼 곳으로
가서는 안 되며, 떠나갈 때는 반드시 갈 곳을 정해 두어야 한
다."

子曰, "三年無改於父之道, 可謂孝矣."

공자께서 말씀하셨다. "아버지께서 돌아가신 후에도 3년 동
안 아버지께서 하시던 방법을 고치지 않아야 효도한다고 말
할 수 있다."

子曰, "父母之年, 不可不知也. 一則以喜, 一則以懼."

공자께서 말씀하셨다. "부모님의 연세는 모를 수가 없다. 한 편으로는 장수하시므로 기쁘고, 한편으로는 노쇠하심으로 인해 두렵기 때문이다."

子曰, "古者言之不出, 恥躬之不逮也."

공자께서 말씀하셨다. "옛 사람들은 말을 함부로 하지 않는다. 이는 행동이 따르지 못할 것을 부끄러워했기 때문이다."

子曰, "以約失之者鮮矣."

공자께서 말씀하셨다. "절제 있는 생활을 하면서 잘못되는 경우는 드물다."

子曰, "君子欲訥於言而敏於行."

공자께서 말씀하셨다. "군자는 말에 대해서는 모자라는 듯이 하려 하고, 행동에 대해서는 민첩하려고 한다."

子曰, "德不孤, 必有鄰."

공자께서 말씀하셨다. "덕(德)이 있는 사람은 외롭지 않다. 반드시 이웃이 있다."

子游曰, "事君數, 斯辱矣, 朋友數, 斯疏矣."

자유가 말하였다. "임금을 섬김에 번거롭게 자주 간언을 하면 곧 치욕을 당하게 되고, 친구에게 번거롭게 자주 충고를 하면 곧 소원해지게 된다."

5. 公冶長

子謂公冶長, "可妻也. 雖在縲絏之中, 非其罪也." 以其子妻之.
子謂南容, "邦有道, 不廢, 邦無道, 免於刑戮." 以其兄之子妻
之.

공자께서 공야장에 대하여 말씀하시기를, "사위 삼을 만하
다. 비록 감옥에 갇힌 적은 있었으나 그의 죄는 아니었다."
고 하시고 딸을 그에게 시집 보내셨다.
공자께서 남용에 대하여 말씀하시기를, "나라에 도(道)가 행
해지고 있을 때에는 버림받지 않을 것이고, 나라에 도가 행해
지지 않을 때에도 형벌은 면할 것이다"라 하시고 형의 딸을
그에게 시집 보내셨다.

子謂子賤, "君子哉若人! 魯無君子者, 斯焉取斯?"

공자께서 자천에 대해 말씀하셨다. "군자로다, 이런 사람은!
노나라에 군자가 없다면 이 사람이 어디에서 이런 덕(德)을
가지게 되었겠는가?"

子貢問曰, "賜也何如?" 子曰, "女, 器也." 曰, "何器也?"
曰, "瑚璉也."

자공이 여쭈었다. "저는 어떻습니까?"
공자께서 말씀하셨다. "너는 그릇이다."
"무슨 그릇입니까?"
"제사에 곡식을 담는 옥그릇이다."

或曰, "雍也仁而不佞." 子曰, "焉用佞? 禦人以口給, 屢憎於
人. 不知其仁, 焉用佞?"

어떤 사람이 염옹에 대하여 말하였다. "그는 인하기는 하지
만 말재주가 없습니다."
공자께서 말씀하셨다. "말재주를 어디에 쓰겠는가? 말재주를
가지고 사람들을 대하면 사람들에게 점점 더 미움을 받게 된
다. 그가 인한지는 모르겠지만, 말재주를 어디에 쓰겠는가?"

子使漆彫開仕. 對曰, "吾斯之未能信." 子說.

공자께서 칠조개에게 벼슬살이를 시키려 하시자, 그가 말하였
다.
"저는 아직 그 일에 자신이 없습니다." 이에 공자께서 기뻐
하셨다.

子曰, "道不行, 乘桴浮于海. 從我者其由與?" 子路聞之喜. 子
曰, "由也好勇過我, 無所取材."

공자께서 말씀하셨다. "도(道)가 행해지지 않아 뗏목을 타고
바다로 떠나가면, 나를 따라올 사람은 바로 자로일 것이다."
자로가 이 말을 듣고 기뻐하자 공자께서 말씀하셨다. "자로
는 용맹을 좋아하는 것은 나보다 더하지만, 사리를 잘 헤아려
보지 못한다."

孟武伯問子路仁乎? 子曰, "不知也." 又問. 子曰, "由也, 千
乘之國, 可使治其賦也, 不知其仁也." "求也何如?" 子曰,
"求也, 千室之邑, 百乘之家, 可使爲之宰也, 不知其仁也."
"赤也何如?" 子曰, "赤也, 束帶立於朝, 可使與賓客言也, 不
知其仁也."

맹무백이 물었다. "자로는 인(仁)합니까?" 공자께서 "모르
겠습니다." 하고 대답하셨다. 다시 묻자, 공자께서는 이렇게
대답하셨다. "유는 제후국에서 그 군사의 일을 담당하게 할
만은 하지만, 그가 인한지는 모르겠습니다."
"구는 어떻습니까?" 라고 묻자 공자께서는 이렇게 대답하셨
다. "구는 천 호나 되는 큰 고을과 경대부의 집안에서 총괄
하는 직책을 맡길 만은 하지만, 그가 인한지는 모르겠습니
다."
"적은 어떻습니까?" 라고 묻자 공자께서는 이렇게 대답하셨

다. "적은 의관을 갖추고 조정에 서서 손님들을 접대할 만은
하지만, 그가 인한지는 모르겠습니다."

子謂子貢曰, "女與回也孰愈? 對曰, "賜也何敢望回? 回也聞
一以知十, 賜也聞一以知二." 子曰, "弗如也, 吾與女弗如也."

공자께서 자공에게말씀하셨다. "너와 회 중에 누가 더 나으
냐?"
자공이 대답하였다. "제가 어찌 감히 회와 견주기를 바라겠
습니까? 회는 하나를 들으면 열을 알지만, 저는 하나를 들으
면 둘을 알 뿐입니다."
공자께서 말씀하셨다. "그보다 못하리라. 나와 네가 모두 그
보다 못하리라."

宰予晝寢. 子曰, "朽木不可雕也, 糞土之牆不可杇也, 於予與何
誅?" 子曰, "始吾於人也, 聽其言而信其行, 今吾於人也, 聽其
言而觀其行. 於予與改是."

재여가 낮잠을 자고 있자, 공자께서 말씀하셨다. "썩은 나무
에는 조각을 할 수 없고 더러운 흙으로 쌓은 담장에는 흙손
질을 할 수가 없다. 재여에 대해 무엇을 꾸짖겠는가?"
공자께서 말씀하셨다. "처음에 나는 사람에 대하여 그의 말
을 듣고는 그의 행실을 믿었는데, 이제는 사람에 대하여 그의
말을 듣고도 그의 행실을 살펴보게 되었다. 재여로 인해서 이

를 바꾼 것이다."

子曰, "吾未見剛者." 或對曰, "申棖." 子曰, "棖也慾, 焉
得剛?"

공자께서 말씀하셨다. "나는 아직 강직한 사람을 보지 못했
다."
어떤 사람이 말하였다. "신정이 있습니다." 공자께서 말씀
하셨다. "정은 욕심이 많은 것이지 어찌 강직하다고 할 수
있겠는가?"

子貢曰, "我不欲人之加諸我也, 吾亦欲無加諸人." 子曰, "賜
也, 非爾所及也."

자공이 말하였다. "저는 남이 저에게 하기를 바라지 않는 일
을 저 또한 남에게 하지 않으려고 합니다." 공자께서 말씀하
셨다. "사야, 그것은 네가 해낼 수 있는 일이 아니다."

子貢曰, "夫子之文章, 可得而聞也, 夫子之言性與天道, 不可得
而聞也."

자공이 말하였다. "선생님의 여러 가르침을 들을 수는 있었
지만, 선생님께서 성과 천도에 대해 말씀하시는 것은 들을 수
가 없었다."

子路有聞, 未之能行, 唯恐有聞.

자로는 들은 것이 있는데, 아직 그것을 실행하지 못했을 때는, 다른 가르침을 듣기를 두려워하였다.

子貢問曰, "孔文子何以謂之文也?" 子曰, "敏而好學, 不恥下問, 是以謂之文也."

자공이 여쭈었다. "공문자는 무엇 때문에 '문(文)이라는 시호를 받게 되었습니까?" 공자께서 말씀하셨다. "영민하면서도 배우기를 좋아하고, 아랫사람에게 묻는 것을 부끄러워하지 않았으므로, 문이라고 한 것이다."

子謂子産, "有君子之道四焉, 其行己也恭, 其事上也敬, 其養民也惠, 其使民也義."

공자께서 자산에 대하여 말씀하셨다. "그는 군자의 도(道) 네 가지를 갖추고 있었다. 처신에는 공손하고, 윗사람을 섬김에는 공경스러우며, 백성을 먹여 살림에는 은혜롭고, 백성을 부릴 때는 의리에 맞게 하였다."

子曰, "晏平仲善與人交, 久而敬之."

공자께서 말씀하셨다. "안평중은 사람들과의 교제를 잘하였으니, 사귄 지 오래되어도 변함없이 공경스러웠다."

子曰, "臧文仲居蔡, 山節藻梲, 何如其知也?"

공자께서 말씀하셨다. "장문중은 집에 큰 거북을 모셔 두고, 기둥머리 나무에는 산 무늬를 조각하고, 동자기둥에는 수초(水草)를 그렸으니, 어찌 그를 지혜롭다 하겠는가?"

子張問曰, "令尹子文三仕爲令尹, 無喜色, 三已之, 無慍色. 舊令尹之政, 必以告新令尹. 何如?" 子曰, "忠矣." 曰, "仁矣乎?" 曰, "未知, 焉得仁?" "崔子弑齊君, 陳文子有馬十乘, 棄而違之. 至於他邦, 則曰, '猶吾大夫崔子也.' 違之. 之一邦, 則又曰, '猶吾大夫崔子也.' 違之. 何如?" 子曰, "淸矣." 曰, "仁矣乎?" 曰, "未知, 焉得仁?"

자장이 여쭈었다. "영윤인 자문은 세 번이나 벼슬에 나아가 영윤이 되었으나 기뻐하는 기색이 없었고, 세 번이나 벼슬을 그만두게 되어서도 성내는 기색이 없이 전에 영윤이 하던 일을 반드시 새로운 영윤에게 알려주었습니다. 그는 어떻습니까?"
공자께서 말씀하셨다. "충성스럽구나."
"인합니까?"
"모르긴 해도 어찌 인하다 하겠느냐?"

"최자가 제나라 임금을 시해하자, 말 사십 필을 소유하고 있던 진문자는 이것을 버리고 그곳을 떠났습니다. 그는 다른 나라에 이르러, '이 사람도 우리나라 대부 최자와 같다'고 하고는 그곳을 떠났습니다. 다른 나라에 가서 또 말하기를 '이 사람도 우리나라 대부 최자와 같다'고 하며 떠나갔습니다. 그는 어떻습니까?"

공자께서 말씀하셨다. "청렴하구나."

"인합니까?"

"모르긴 해도 인하다 하겠느냐?"

季文子三思而後行. 子聞之曰, "再, 斯可矣."

계문자는 세 번 생각한 뒤에야 행동을 하였다. 공자께서 이 말을 들으시고 말씀하셨다. "두 번이면 된다."

子曰, "甯武子, 邦有道則知, 邦無道則愚. 其知可及也, 其愚不可及也."

공자께서 말씀하셨다. "영무자는 나라에 도(道)가 행해질 때는 지혜롭게 행동했고, 나라에 도가 행해지지 않을 때는 어리석은 듯이 행동했다. 그 지혜는 누구나 따를 수 있으나 그 어리석음은 아무나 따를 수가 없다."

子在陳, 曰, "歸與! 歸與! 吾黨之小子狂簡, 斐然成章, 不知所以裁之."

공자께서 진나라에 계실 때 말씀하셨다. "돌아가리라, 돌아가리라! 내 고향의 젊은이들은 뜻은 크지만 일에는 미숙하고, 훌륭하게 기본은 갖추었지만 그것을 재량하는 방법을 알지 못한다."

子曰, "伯夷叔齊不念舊惡, 怨是用希."

공자께서 말씀하셨다. "백이와 숙제는 남의 옛 잘못을 염두에 두지 않았고, 이 때문에 이들을 원망하는 사람도 드물었다."

子曰, "孰謂微生高直? 或乞醯焉, 乞諸其鄰而與之."

공자께서 말씀하셨다. "누가 미생고를 정직하다 했는가? 어떤 사람이 그에게 식초를 얻으러 가자, 그는 이웃집에서 얻어다가 주었다고 한다."

子曰, "巧言令色足恭, 左丘明恥之, 丘亦恥之. 匿怨而友其人, 左丘明恥之, 丘亦恥之."

공자께서 말씀하셨다. "듣기 좋게 말을 꾸며 대고 보기 좋게 얼굴빛을 꾸미며 지나치게 공손한 것을 좌구명이 부끄럽게 여겼다고 하는데, 나도 또한 이를 부끄럽게 여긴다. 원한을 감추고 그 사람과 벗하는 것을 좌구명이 부끄럽게 여겼다고 하는데, 나 또한 이를 부끄럽게 여긴다."

顔淵季路侍. 子曰, "盍各言爾志?" 子路曰, "願車馬衣輕裘, 與朋友共, 敝之而無憾." 顔淵曰, "願無伐善, 無施勞." 子路曰, "願聞子之志." 子曰, "老者安之, 朋友信之, 少者懷之."

안연과 계로가 공자를 모시고 있었는데, 공자께서 말씀하셨다. "각자 자신의 뜻을 말해 보지 않겠느냐?"
자로가 말하였다. "수레와 말과 좋은 털가죽옷을 벗들과 함께 나눠 쓰다가 그것들이 못쓰게 되더라도 유감스럽게 생각하는 일이 없도록 하고자 합니다."
안연이 말하였다. "잘하는 것을 자랑하지 않고 공로를 과시함이 없도록 하고자 합니다."
자로가 여쭈었다. "선생님의 뜻을 듣고 싶습니다."
공자께서 말씀하셨다. "노인들은 편안하게 해주고, 벗들은 신의를 갖도록 해주고, 젊은이들은 감싸 보살펴 주고자 한다."

子曰, "已矣乎, 吾未見能見其過而內自訟者也."

공자께서 말씀하셨다. "다 글렀구나! 나는 아직 자기의 허물을 보고서 마음속으로 반성하는 사람을 보지 못했다."

子曰, "十室之邑, 必有忠信如丘者焉, 不如丘之好學也."

공자께서 말씀하셨다. "열 집쯤 되는 조그만 마을에도 반드시 진실됨과 미더움이 나만한 사람은 있겠지만, 나처럼 배우기를 좋아하지는 못할 것이다."

6. 雍也

子曰, "雍也可使南面."
仲弓問子桑伯子. 子曰, "可也簡." 仲弓曰, "居敬而行簡, 以臨其民, 不亦可乎? 居簡而行簡, 無乃大簡乎?" 子曰, "雍之言然."

공자께서 말씀하셨다. "옹은 임금 노릇을 맡길 만하다."
중궁이 자상백자에 대하여 여쭙자, 공자께서 말씀하셨다. "괜찮지, 소탈한 사람이니까." 중궁이 말하였다. "항상 경건하면서도 행동할 때는 소탈한 자세로 백성들을 대한다면 또한 괜찮지 않습니까? 항상 소탈하면서 행동에 옮길 때도 소탈하다면 지나치게 소탈한 것이 아닙니까?"
공자께서 말씀하셨다. "네 말이 옳구나."

哀公問, "弟子孰爲好學?" 孔子對曰, "有顔回者好學, 不遷怒, 不貳過. 不幸短命死矣, 今也則亡, 未聞好學者也."

애공이 물었다. "제자 중에 누가 배우기를 좋아합니까?"

공자께서 대답하셨다. "안회라는 사람이 배우기를 좋아해서, 노여움을 남에게 옮기지 않고, 같은 잘못을 두 번 저지르지 않았는데, 불행히도 단명하여 죽었습니다. 이제는 그런 사람이 었으니, 그 후로는 아직 배우기를 좋아한다는 사람을 들어 보지 못했습니다."

子華使於齊, 冉子爲其母請粟. 子曰, "與之釜." 請益. 曰, "與之庾." 冉子與之粟五秉. 子曰, "赤之適齊也, 乘肥馬, 衣輕裘. 吾聞之也, 君子周急不繼富." 原思爲之宰, 與之粟九百, 辭. 子曰, "毋! 以與爾鄰里鄕黨乎!"

자회가 제나라에 심부름을 가게 되자, 염자가 자회의 어머니를 위하여 곡식을 보내주기를 청하였다. 공자께서 말씀하셨다. "여섯 말 넉 되를 주어라." 더 줄 것을 요청하자, "열여섯 말을 주어라"라고 하셨다.
염자가 곡식 여든 섬을 주자, 공자께서 말씀하셨다. "적이 제나라에 갈 때에 살찐 말을 타고 가벼운 털가죽옷을 입었다. 내가 듣기로는 '군자는 절박한 것은 도와주지만 부유한 자가 더 부자가 되게 하지는 않는다'고 하였다."
원사가 공자의 가재가 되자 그에게 곡식 구백 말을 주었더니 그는 이를 사양하였다. 공자께서 말씀하셨다. "그러지 말거라. 그것으로 너의 이웃이나 마을 사람들에게 나누어 주기라도 하거라!"

子謂仲弓曰, "犁牛之子, 騂且角, 雖欲勿用, 山川其舍諸?"

공자께서 중궁에 대하여 말씀하셨다. "얼룩소 새끼라도 털이 붉고 뿔이 번듯하다면, 비록 제물로 쓰지 않으려 한들 산천의 신이 그것을 내버려 두겠는가?"

子曰, "回也, 其心三月不違仁, 其餘則日月至焉而已矣."

공자께서 말씀하셨다. "안회는 그 마음이 석 달에 이르도록 인(仁)에 어긋나지 않으나, 그 나머지 사람들은 하루나 한 달에 한 번 인에 이를 뿐이다."

季康子問, "仲由可使從政也與?" 子曰, "由也果, 於從政乎何有?" 曰, "賜也可使從政也與?" 曰, "賜也達, 於從政乎何有?" 曰, "求也可使從政也與?" 曰, "求也藝, 於從政乎何有?"

계강자가 여쭈었다. "중유는 정치에 종사토록 할 만합니까?"
공자께서 말씀하셨다. "유는 과단성이 있으니 정치에 종사하는 데 무슨 어려움이 있겠습니까?"
"사는 정치에 종사토록 할 만합니까?"
"사는 세상사에 밝으니 정치에 종사하는 데 무슨 어려움이 있겠습니까?”

“구는 정치에 종사토록 할 만합니까?”

“구는 재주가 있으니 정치에 종사하는 데 무슨 어려움이 있
겠습니까?”

季氏使閔子騫爲費宰. 閔子騫曰, “善爲我辭焉! 如有復我者, 則
吾必在汶上矣.”

계손씨가 민자건을 비의 읍장으로 삼으려 하자, 민자건이 말
하였다. “저를 위하여 잘 좀 사양해 주십시오. 만약 다시 저
를 찾는 일이 있다면 저는 분명히 문수 가에 가 있을 겁니
다.”

伯牛有疾, 子問之, 自牖執其手, 曰, “亡之, 命矣夫! 斯人也而
有斯疾也! 斯人也而有斯疾也!”

백우가 병을 앓자 공자께서 문병을 가시어, 창문 너머로 그의
손을 잡고 말씀하셨다. “이럴 리가 없는데, 운명이란 말인가!
이런 사람에게 이런 병이 들다니! 이런 사람에게 이런 병이
들다니!”

子曰, “賢哉, 回也! 一簞食, 一瓢飮, 在陋巷, 人不堪其憂, 回也
不改其樂. 賢哉, 回也!”

공자께서 말씀하셨다. "어질도다, 회여! 한 그릇의 밥과 한 표주박의 물을 가지고 누추한 거리에 살고 있으니, 보통 사람이라면 그런 근심을 견뎌내지 못하겠지만, 회는 그 즐거움이 변치 않는구나. 어질도다, 회여!"

冉求曰, "非不說子之道, 力不足也." 子曰, "力不足者, 中道而廢. 今女畫."

염구가 말하였다. "선생님의 도(道)를 좋아하지 않는 것은 아니지만, 제 능력이 부족합니다."
공자께서 말씀하셨다. "능력이 부족한 자는 도중에 가서 그만두게 되는 것인데, 지금 너는 미리 선을 긋고 물러나 있구나."

子謂子夏曰, "女爲君子儒! 無爲小人儒!"

공자께서 자하에게 말씀하셨다. "너는 군자다운 선비가 되어야지, 소인같은 선비가 되어서는 안 된다."

子游爲武城宰. 子曰, "女得人焉耳乎?" 曰, "有澹臺滅明者, 行不由徑, 非公事, 未嘗至於偃之室也."

자유가 무성의 읍재가 되자, 공자께서 말씀하셨다. "너는 인재를 얻었느냐?"

"담대멸명이라는 자가 있는데, 그는 길을 갈 때 지름길로 가지 않고, 공적인 일이 아니고는 저의 집에 찾아 온 적이 없습니다."

子曰, "孟之反不伐, 奔而殿, 將入門, 策其馬曰, '非敢後也, 馬不進也.'"

공자께서 말씀하셨다. "맹지반은 자랑하지 않는 사람이다. 전투에 패하여 달아날 때는 군대의 후미에서 적을 막았고, 성문에 들어올 즈음에는 그이 말에 채찍질하면서 말하기를, '감히 뒤에 처지려 한 것이 아니라, 말이 나아가지를 않았소'라고 하였다."

子曰, "不有祝鮀之佞, 而有宋朝之美, 難乎免於今之世矣."

공자께서 말씀하셨다. "축타같은 말재주 없이 송조같은 미모만 가지고 있다면, 요즘 세상에서 화를 면하기 어려울 것이다."

子曰, "誰能出不由戶? 何莫由斯道也?"

공자께서 말씀하셨다. "누구인들 문을 통하지 않고 나갈 수 있겠는가? 어찌 이 도를 따르지 않는가?"

子曰, "質勝文則野, 文勝質則史. 文質彬彬, 然後君子."

공자께서 말씀하셨다. "바탕이 겉모습을 넘어서면 촌스럽고, 겉모습이 바탕을 넘어서면 형식적이게 된다. 겉모습과 바탕이 잘 어울린 후에야 군자다운 것이다."

子曰, "人之生也直, 罔之生也幸而免."

공자께서 말씀하셨다. "사람의 삶은 정직해야 한다. 정직하지 않은 삶은 요행히 화나 면하는 것이다."

子曰, "知之者不如好之者, 好之者不如樂之者."

공자께서 말씀하셨다. "무언가를 안다는 것은 그것을 좋아하는 것만 못하고, 좋아하는 것은 즐기는 것만 못하다."

子曰, "中人以上, 可以語上也, 中人以下, 不可以語上也."

공자께서 말씀하셨다. "중간 이상의 사람들에게는 높은 수준의 것을 말할 수 있으나, 중간 이하의 사람들에게는 높은 수준의 것을 이야기할 수 없다."

樊遲問知. 子曰, "務民之義, 敬鬼神而遠之, 可謂知矣." 問仁.

曰, "仁者先難而後獲, 可謂仁矣."

번지가 지혜에 대하여 여쭙자, 공자께서 말씀하셨다. "사람이 지켜야 할 도의에 힘쓰고, 귀신은 공경하되 멀리하면 지혜롭다 할 수 있다."

인(仁)에 대해서 여쭙자, 공자께서 말씀하셨다. "인한 사람은 어려운 일에는 먼저 나서서 하고 이익을 챙기는 데는 남보다 뒤지는데, 이렇게 한다면 인하다고 할 수 있다."

子曰, "知者樂水, 仁者樂山. 知者動, 仁者靜. 知者樂, 仁者壽."

공자께서 말씀하셨다. "지혜로운 사람은 물을 좋아하고 인(仁)한 사람은 산을 좋아하며, 지혜로운 사람은 동적이고 인한 사람은 정적이며, 지혜로운 사람은 즐겁게 살고 인한 사람은 장수한다."

子曰, "齊一變, 至於魯, 魯一變, 至於道."

공자께서 말씀하셨다. "제나라가 한번 변하면 노나라에 이를 것이고, 노나라가 한번 변하면 도(道)에 이를 것이다."

子曰, "觚不觚, 觚哉! 觚哉!"

공자께서 말씀하셨다. "모난 술잔이 모나지 않다면, 그것이
모난 술잔 이겠는가? 모난 술잔이겠는가?"

宰我問曰, "仁者, 雖告之曰, '井有仁焉.' 其從之也?" 子曰,
"何爲其然也? 君子可逝也, 不可陷也, 可欺也, 不可罔也."

재아가 여쭈었다. "인한 사람은 어떤 사람이 그에게 '우물
속에 인한 사람이 있다'고 하면, 그 우물로 따라 들어가야
하겠습니까?"
공자께서 말씀하셨다. "어찌 그렇게 하겠느냐? 군자는 가 보
게 할 수는 있어도 우물에 빠지게 할 수는 없으며, 속일 수는
있어도 사리 판단조차 못하게 할 수는 없다."

子曰, "君子博學於文, 約之以禮, 亦可以弗畔矣夫!"

공자께서 말씀하셨다. "군자가 글을 널리 배우고 예(禮)로써
단속한다면, 또한 도리에 어긋나지 않을 것이로다!"

子見南子, 子路不說. 夫子矢之曰, "予所否者, 天厭之! 天厭
之!"

공자께서 남자를 만나시자, 자로가 좋아하지 않았다. 이에 선
생님께서 맹세하셨다. "내게 잘못된 것이 있다면 하늘이 나

를 버리실 것이로다! 하늘이 나를 버리실 것이로다!"

子曰, "中庸之爲德也, 其至矣乎! 民鮮久矣."

공자께서 말씀하셨다. "중용의 덕은 지극하도다! 백성 중에
이를 지닌 사람이 드물게 된 지 오래되었다."

子貢曰, "如有博施於民而能濟衆, 何如? 可謂仁乎?"　子曰,
"何事於仁! 必也聖乎! 堯舜其猶病諸! 夫仁者, 己欲立而立人,
己欲達而達人. 能近取譬, 可謂仁之方也已."

자공이 여쭈었다. "만약 백성들 중에서 널리 은혜를 베풀고
많은 사람들을 구제할 수 있는 사람이 있다면 어떻습니까?
인(仁)하다고 할 수 있겠습니까?"
공자께서 말씀하셨다. "어찌 인에만 해당된 일이겠느냐? 반
드시 성인일 것이다. 요임금과 순임금조차도 그렇게 하지 못
하는 것을 근심으로 여기셨다. 인이란 것은 자신이 서고자 할
때 남부터 서게 하고, 자신이 뜻을 이루고 싶을 때 남부터 뜻
을 이루게 해주는 것이다. 자신이 원하는 것을 미루어서 남이
원하는 것을 이해하는 것이 바로 인의 실천 방법이다."

7. 述而

子曰, "述而不作, 信而好古, 竊比於我老彭."

공자께서 말씀하셨다. "옛 것을 익혀서 전해 주기는 하되 창
작하지는 않으며 옛 것을 믿고 좋아하니, 은근히 우리 노팽에
게 견주어본다."

子曰, "默而識之, 學而不厭, 誨人不倦, 何有於我哉?"

공자께서 말씀하셨다. "묵묵히 마음속에 새겨 두고, 배움에
싫증내지 않으며, 남을 가르치기를 게을리하지 않는 것, 이
셋 중 어느 하나인들 내가 제대로 하는 것이 있겠는가?"

子曰, "德之不脩, 學之不講, 聞義不能徙, 不善不能改, 是吾憂
也."

공자께서 말씀하셨다. "인격을 수양하지 못하는 것, 배운 것
을 이기지 못하는 것, 옳은 일을 듣고 실천하지 못하는 것,

잘못을 고치지 못하는 것, 이것이 나의 걱정거리이다."

子之燕居, 申申如也, 夭夭如也.

공자께서 한가로이 계실 때는 온화하시며 편안한 모습이셨다.

子曰, "甚矣吾衰也! 久矣吾不復夢見周公!"

공자께서 말씀하셨다. "심하구나, 나의 노쇠함이여! 오래도록
나는 주공을 꿈에서 다시 뵙지 못하였다."

子曰, "志於道, 據於德, 依於仁, 遊於藝."

공자께서 말씀하셨다. "도(道)에 뜻을 두고, 덕(德)에 근거하
며, 인(仁)에 의지하고, 예(藝)에서 노닌다."

子曰, "自行束脩以上, 吾未嘗無誨焉."

공자께서 말씀하셨다. "육포 한 묶음 이상의 예물을 갖춘 사
람이라면, 나는 가르치지 않은 적이 없다."

子曰, "不憤不啓, 不悱不發. 擧一隅, 不以三隅反, 則不復也."

공자께서 말씀하셨다. "배우려는 열의가 없으면 이끌어 주지

않고, 표현하려고 애쓰지 않으면 일깨워 주지 않으며, 한 모 퉁이를 들어 보였을 때 나머지 세 모퉁이를 미루어 알지 못 하면 반복해서 가르쳐 주지 않는다."

子食於有喪者之側, 未嘗飽也. 子於是日哭, 則不歌.

공자께서는 상을 당한 사람 곁에서 식사를 하실 때에는 배부 르게 드신 적이 없으셨다. 공자께서는 곡을 하신 날에는 노래 를 부르지 않으셨다.

子謂顔淵曰, "用之則行, 舍之則藏, 唯我與爾有是夫!" 子路曰, "子行三軍, 則誰與?" 子曰, "暴虎馮河, 死而無悔者, 吾不與 也. 必也臨事而懼, 好謀而成者也."

공자께서 안연에게 말씀하셨다. "나라에서 써 주면 일을 하 고 관직에서 쫓겨나면 숨어 지내는 것은, 오직 나와 너만이 이러한 뜻을 가지고 있을 것이다."
자로가 여쭈었다. "선생님께서 삼군을 통솔하신다면 누구와 함께 하시겠습니까?"
공자께서 말씀하셨다. "맨손으로 범을 잡고 맨몸으로 황하를 건너려다 죽어도 후회가 없는 사람과는, 나는 함께 하지 않겠 다. 반드시 일을 대함에 신중하게 하고, 계획을 잘 세워 일을 이루는 사람과 함께 하겠다."

子曰, "富而可求也, 雖執鞭之士, 吾亦爲之. 如不可求, 從吾所
好."

공자께서 말씀하셨다. "부가 만약 추구해서 얻을 수 있는 것
이라면, 비록 채찍을 드는 천한 일이라도 나는 하겠다. 그러
나 추구해서 얻을 수 없는 일이라면 내가 좋아하는 일을 하
겠다."

子之所愼, 齊, 戰, 疾.

공자께서 신중히 하신 일은 재계와 전쟁과 질병이다.

子在齊聞韶, 三月不知肉味, 曰, "不圖爲樂之至於斯也."

공자께서 제나라에서 순임금의 음악인 소를 들으신 후, 석 달
동안 고기 맛을 잊으시고는 다음과 같이 말씀하셨다. "음악
을 하는 것이 이런 경지에 이를 줄은 생각하지 못했다."

冉有曰, "夫子爲衛君乎?" 子貢曰, "諾, 吾將問之." 入曰,
"伯夷叔齊何人也?" 曰, "古之賢人也." 曰, "怨乎?" 曰,
"求仁而得仁, 又何怨? 出曰, "夫子不爲也."

염유가 말하였다. "선생님께서 위나라 임금을 위해 일하실까
요?"

자공이 말하였다. "좋아요, 제가 여쭈어 보지요."

안으로 들어가 말하였다. "백이와 숙제는 어떤 사람입니까?"

"옛날의 현인이지."

"세상을 원망했을까요?"

"인(仁)을 추구하여 인을 얻었으니 또 무엇을 원망했겠느냐?"

자공이 밖으로 나와서 말하였다. "선생님께서는 위나라 임금을 위해 일하지 않으실 겁니다."

子曰, "飯疏食飮水, 曲肱而枕之, 樂亦在其中矣. 不義而富且貴, 於我如浮雲."

공자께서 말씀하셨다. "거친 밥을 먹고 물을 마시며 팔을 굽혀 베개 삼고 누워도 즐거움은 또한 그 가운데 있다. 외롭지 않으면서 부귀를 누리는 것은 나에게는 뜬구름과 같은 것이다."

子曰, "加我數年, 五十以學易, 可以無大過矣."

공자께서 말씀하셨다. "나에게 몇 년의 시간이 더 주어져서 쉰 살까지 역(易)을 공부한다면, 큰 허물이 없을 것이다."

子所雅言, 詩　書　執禮, 皆雅言也.

공자께서 평소에 늘 말씀하시는 것은 『시경』, 『서경』과 예(禮)를 실천하는 것이었으며, 모두 늘 말씀하셨다.

葉公問孔子於子路, 子路不對. 子曰, "女奚不曰, 其爲人也, 發憤忘食, 樂以忘憂, 不知老之將至云爾."

섭공이 자로에게 공자에 대하여 물었는데 자로는 대답하지 않았다. (이 말을 듣고) 공자께서 말씀하셨다. "너는 어째서 '그의 사람됨은 무언가에 의욕이 생기면 먹는 것도 잊고, 도를 즐기느라 근심을 잊어, 늙음이 곧 다가오는 것도 알지 못한다'고 말하지 않았느냐?"

子曰, "我非生而知之者, 好古敏以求之者也."

공자께서 말씀하셨다. "나는 태어나면서부터 (세상의 도리를) 안 사람이 아니라, 옛 것을 좋아하여 부지런히 그것을 추구한 사람이다."

子不語怪力亂神.

공자께서는 괴이한 일, 힘으로 하는 일, 사회를 어지럽히는 일, 귀신에 관한 일을 말씀하시지 않으셨다.

子曰, "三人行, 必有我師焉, 擇其善者而從之, 其不善者而改
之."

공자께서 말씀하셨다. "세 사람이 길을 걸어간다면, 그 중에
는 반드시 나의 스승이 될 만한 사람이 있다. 그들에게서 좋
은 점은 가리어 본받고, 그들의 좋지 않은 점으로는 나 자신
을 바로잡는 것이다."

子曰, "天生德於予, 桓魋其如予何?"

공자께서 말씀하셨다. "하늘이 나에게 덕을 부여해 주셨는
데, 환퇴가 나를 어찌하겠는가?"

子曰, "二三子以我爲隱乎? 吾無隱乎爾. 吾無行而不與二三子
者, 是丘也."

공자께서 말씀하셨다. "자네들은 내가 무언가 숨기는 게 있
다고 생각하는가? 나는 자네들에게 숨기는 것이 없네. 나는
무언가를 행하고서 자네들에게 가르쳐 주지 않는 일이 없는
사람이니, 그것이 바로 나란 사람이네."

子以四敎, 文, 行, 忠, 信.

공자께서는 네 가지를 가르치셨으니, 그것은 바로 학문, 실천,

성실, 신의였다.

子曰, "聖人, 吾不得而見之矣, 得見君子者, 斯可矣." 子曰, "善人, 吾不得而見之矣, 得見有恆者, 斯可矣. 亡而爲有, 虛而爲盈, 約而爲泰, 難乎有恆矣."

공자께서 말씀하셨다. "성인을 내가 만나 볼 수 없다면, 군자라도 만나볼 수 있으면 좋겠다."
공자께서 말씀하셨다. "선한 사람을 내가 만나볼 수 없다면, 한결같은 사람이라도 만나볼 수 있으면 좋겠다. 없으면서도 있는 체하고, 비었으면서도 가득 찬 체하며, 곤궁하면서도 부유한 체를 하는 세상이니, 한결같은 마음을 가지고 살기도 어려운 일이다."

子釣而不網, 弋不射宿.

공자께서는 낚시질은 하셔도 그물질은 하지 않으셨으며, 주살질은 하셔도 둥우리에 깃든 새를 쏘아 맞히지는 않으셨다.

子曰, "蓋有不知而作之者, 我無是也. 多聞, 擇其善者而從之, 多見而識之, 知之次也."

공자께서 말씀하셨다. "제대로 알지도 못하면서 새로운 것을 창작하는 사람이 있지만, 나는 그런 일은 하지 않는다. 많이 듣고 그 중 좋은 것을 택하여 따르며, 많이 보고 그 중 좋은 것을 마음에 새겨 둔다면, 이것이 진실로 아는 것에 버금가는 일이다."

互鄉難與言, 童子見, 門人惑. 子曰, "與其進也, 不與其退也, 唯何甚? 人絜己以進, 與其絜也, 不保其往也."

호향 사람은 더불어 이야기하기 어려운 사람들이었는데, 그 곳의 아이가 공자를 찾아뵙자, 제자들이 이상하게 생각하였다. 이에 공자께서 말씀하셨다. "바른 길로 나아가는 자는 받아들이고 바른 길에서 물러나는 자는 받아들이지 않는 법인데, 배우겠다고 찾아온 사람을 어찌 모질게 대하겠느냐? 사람이 자신의 몸과 마음을 깨끗이 하고 바른 길로 나아가려 하여 그 깨끗함을 받아들인 것이니, 지난 일에 연연할 것이 없다."

子曰, "仁遠乎哉? 我欲仁, 斯仁至矣."

공자께서 말씀하셨다. "인(仁)이 멀리 있는가? 내가 인을 실천하고자 하면, 곧 인은 다가온다."

陳司敗問昭公知禮乎, 孔子曰, "知禮." 孔子退, 揖巫馬期而進之, 曰, "吾聞君子不黨, 君子亦黨乎? 君取於吳爲同姓, 謂之吳孟子. 君而知禮, 孰不知禮?" 巫馬期以告. 子曰, "丘也幸,苟有過, 人必知之."

진(陳)나라의 사패가 "소공은 예(禮)를 아는 사람입니까?" 라고 여쭙자, 공자께서는 "예를 아는 사람입니다" 라고 말씀하셨다.

공자께서 물러가시자, 인사하며 무마기를 맞아들이면서 말하였다.
"나는 군자는 편당을 짓지 않는다고 들었는데, 군자도 편당을 짓습니까? 임금(소공)은 오나라에서 부인을 취하였는데, 성이 같기 때문에 부인을 오맹자라고 불렀습니다. 이런 임금이 예를 안다면 누가 예를 알지 못하겠습니까?"
무마기가 이를 알려 드리자, 공자께서 말씀하셨다. "나는 행복하구나! 진실로 허물이 있으면 사람들이 반드시 알려준다."

子與人歌而善, 必使反之, 而後和之.

공자께서는 사람들과 노래 부르는 자리에 어울리시다가 어떤 사람이 노래를 잘하면, 반드시 다시 부르게 하시고는 뒤이어 화답하셨다.

子曰, "文莫吾猶人也. 躬行君子, 則吾未之有得."

공자께서 말씀하셨다. "학문에 대해서라면 아마도 내가 남보다 못하지 않겠지만, 군자의 도리를 몸소 실천하는 것은 내가 아직 이루지 못했다."

子曰, "若聖與仁, 則吾豈敢? 抑爲之不厭, 誨人不倦, 則可謂云爾已矣." 公西華曰, "正唯弟子不能學也."

공자께서 말씀하셨다. "성인(聖人)과 인인(仁人)이야 내가 어찌 감히 되겠다고 할 수 있겠느냐? 하지만 성인과 인인의 도리를 배우고 본받는 데 싫증내지 않고, 이를 다른 사람에게 가르치는 데 게을리 하지 않는다고는 말할 수 있다."

子疾病, 子路請禱. 子曰, "有諸?" 子路對曰, "有之, 誄曰, '禱爾于上下神祇.'" 子曰, "丘之禱久矣."

공자께서 병환이 심해지시자 자로가 기도드릴 것을 청하였다.
공자께서 말씀하셨다. "그런 선례가 있느냐?"
자로가 대답하였다. "있습니다. 뇌문에 '너를 위하여 하늘과 땅의 신께 기도드리노라'라고 하였습니다.
공자께서 말씀하셨다. "나는 그런 기도를 드려온 지 오래되었다."

子曰, "奢則不孫, 儉則固. 與其不孫也, 寧固."

공자께서 말씀하셨다. "사치스럽게 하다 보면 공손함을 잃게 되고, 검소하게 하다 보면 고루하게 되지만, 공손함을 잃기보다는 차라리 고루한 것이 낫다."

子曰, "君子坦蕩蕩, 小人長戚戚."

공자께서 말씀하셨다. "군자는 평온하고 너그럽지만, 소인은 늘 근심에 싸여 있다."

子溫而厲, 威而不猛, 恭而安.

공자께서는 온화하면서도 엄숙하시고, 위엄이 있으면서도 사납지 않으시며, 공손하면서도 편안하셨다.

8. 泰伯

子曰, "泰伯, 其可謂至德也已矣. 三以天下讓, 民無得而稱
焉."

공자께서 말씀하셨다. "태백은 지극한 덕을 지닌 분이라고
할 수 있다. 끝내 천하를 양보하였지만 백성들은 그를 칭송할
길이 없었다."

子曰, "恭而無禮則勞, 愼而無禮則葸, 勇而無禮則亂, 直而無
禮則絞. 君子篤於親, 則民興於仁, 故舊不遺, 則民不偷."

공자께서 말씀하셨다. "공손하면서도 예(禮)가 없으면 수고
롭기만 하고, 신중하면서도 예가 없으면 두려움을 갖게 된다.
용감하면서도 예가 없으면 질서를 어지럽히게 되고, 정직하면
서도 예가 없으면 박절하게 된다. 군자가 친족들을 잘 돌봐
주면 백성들 사이에서는 인(仁)한 기풍이 일어나며, 옛 친구
를 버리지 않으면 백성들이 각박해지지 않는다."

曾子有疾, 召門弟子曰, "啓予足! 啓予手! 詩云, '戰戰兢兢,
如臨深淵, 如履薄氷.' 而今而後, 吾知免夫! 小子!"

증자가 병이 들자 문하의 제자들을 불러 놓고 말하였다.
"(부모님께서 주신 몸에 손상된 데가 없는지) 내 발을 펴 보
아라! 내 손을 펴 보아라! 『시경』에 '두려워하고 삼가기를,
못 가에 서 있듯, 얇은 얼음을 밟고 가듯 하노라'라고 하였
다. 그런데 이제부터는 내가 그런 걱정을 벗어나게 되었음을
알겠구나, 애들아!"

曾子有疾, 孟敬子問之. 曾子言曰, "鳥之將死, 其鳴也哀, 人之
將死, 其言也善. 君子所貴乎道者三, 動容貌, 斯遠暴慢矣, 正顔
色, 斯近信矣, 出辭氣, 斯遠鄙倍矣. 籩豆之事, 則有司存."

증자가 병이 들어 맹경자가 문병을 가니, 증자가 말을 하였
다. "새가 죽으려 할 때면 그 울음소리가 슬퍼지고 사람이
죽으려 할 때면 그 말이 선해집니다. 군자가 귀하게 여기는
도(道)가 셋 있으니, 몸을 움직일 때는 사나움과 거만함을 멀
리하고, 안색을 바로잡아 신의에 가까워지도록 하며, 말을 할
때는 천박하고 도리에 어긋남을 멀리해야 합니다. 제기를 다
루는 일과 같이 소소한 예에 관한 일들은 담당자들이 있으니
그들에게 맡겨 두면 됩니다."

曾子曰, "以能問於不能, 以多問於寡, 有若無, 實若虛, 犯而不

校, 昔者吾友嘗從事於斯矣."

증자가 말하였다. "능력이 있으면서도 능력 없는 사람에게 묻고, 많이 알면서도 적게 아는 사람에게 물었으며, 있으면서도 없는 듯하고, 꽉 차 있으면서도 텅 빈 듯하고, 남이 자기에게 잘못을 범해도 잘잘못을 따지며 다투지 않았다. 예전에 나의 친구가 이를 실천하며 살았다."

曾子曰, "可以託六尺之孤, 可以寄百里之命, 臨大節而不可奪也, 君子人與? 君子人也."

증자가 말하였다. "어린 임금을 부탁할 수 있고, 한 나라의 정치를 맡길 수 있으며, 나라의 큰일을 당하였을 때 그의 뜻을 빼앗을 수 없다면, 군자다운 사람인가? 군자다운 사람이다."

曾子曰, "士不可以不弘毅, 任重而道遠. 仁以爲己任, 不亦重乎? 死而後已, 不亦遠乎?"

증자가 말하였다. "선비는 뜻이 크고 의지가 강인해야 하니, 책임은 무겁고 갈 길은 멀기 때문이다. 인(仁)을 자신의 임무로 삼으니 또한 책임이 무겁지 않은가? 죽은 뒤에야 그만두는 것이니 또한 갈 길이 멀지 않은가?"

子曰, "興於詩, 立於禮, 成於樂."

공자께서 말씀하셨다. "시를 통해 순수한 감성을 불러일으키고, 예의를 통해 도리에 맞게 살아갈 수 있게 되며, 음악을 통해 인격을 완성한다."

子曰, "民可使由之, 不可使知之."

공자께서 말씀하셨다. "백성은 도리를 따르게 할 수는 있지만, 도리를 이해하게 할 수는 없다."

子曰, "好勇疾貧, 亂也. 人而不仁, 疾之已甚, 亂也."

공자께서 말씀하셨다. "용맹을 좋아하면서 가난을 싫어하며 사회 질서를 어지럽히게 되고, 사람으로서 인(仁)하지 못한 것을 지나치게 미워해도 사회 질서를 어지럽히게 된다."

子曰, "如有周公之才之美, 使驕且吝, 其餘不足觀也已."

공자께서 말씀하셨다. "만약 주공처럼 훌륭한 재능을 가지고 있다 하더라도, 교만하고 인색하다면, 그 나머지는 볼 것이 없다."

子曰, "三年學, 不至於穀, 不易得也."

공자께서 말씀하셨다. "삼 년을 공부하고도 벼슬에 마음쓰지 않기는, 쉽지 않은 일이다."

子曰, "篤信好學, 守死善道. 危邦不入, 亂邦不居. 天下有道則見, 無道則隱. 邦有道, 貧且賤焉, 恥也, 邦無道, 富且貴焉, 恥也."

공자께서 말씀하셨다. "(성현들의 가르침에 대한) 두터운 믿음을 가지고 배우기를 좋아하며, 죽음으로써 선한 도(道)를 지켜야 한다. 위태로운 나라에는 들어가지 않고 어지러운 나라에는 머물지 말아야 한다. 천하에 도가 행해지면 세상에 모습을 드러내고, 도가 행해지지 않으면 조용히 숨어 살아야 한다. 나라에 도가 행해지는데 가난하고 천하게 산다면 부끄러운 일이며, 나라에 도가 행해지지 않는데 부귀를 누린다면 이 또한 부끄러운 일이다."

子曰, "不在其位, 不謀其政."

공자께서 말씀하셨다. "그 직위에 있지 않다면, 그 직위에서 담당해야 할 일을 꾀하지 말아야 한다."

子曰, "師摯之始, 關雎之亂, 洋洋乎, 盈耳哉!"

공자께서 말씀하셨다. "악사인 지가 초기에 연주했던 관저의 마지막 악장은 아름다움이 흘러넘쳐 귀를 가득 채웠도다!"

子曰, "狂而不直, 侗而不愿, 悾悾而不信, 吾不知之矣."

공자께서 말씀하셨다. "뜻은 크면서 정직하지도 않고, 무지하면서 성실하지도 않으며, 무능하면서 신의도 없다면, 그런 사람은 내가 알 바 아니다."

子曰, "學如不及, 猶恐失之."

공자께서 말씀하셨다. "배울 때는 능력이 미치지 못할까 안타까워해야 하며, 나아가 그것을 잃어버릴까 두려워해야 한다."

子曰, "巍巍乎, 舜禹之有天下也而不與焉!"

공자께서 말씀하셨다. "위대하도다! 순임금과 우임금께서는 천하를 가지고서도, 거기에 사사로이 관여치 않으셨노라!"

子曰, "大哉堯之爲君也! 巍巍乎! 唯天爲大, 唯堯則之. 蕩蕩乎, 民無能名焉. 巍巍乎! 其有成功也, 煥乎其有文章!"

공자께서 말씀하셨다. "위대하도다, 요의 임금됨이여! 높고

높도다! 오직 하늘만이 이토록 위대하거늘 오직 요임금만이
이를 본받았도다.

舜有臣五人而天下治. 武王曰, "予有亂臣十人." 孔子曰,
"才難, 不其然乎? 唐 虞之際, 於斯爲盛. 有婦人焉, 九人而已.
三分天下有其二, 以服事殷. 周之德, 其可謂至德也已矣."

순임금에게는 신하 다섯 사람이 있어서 천하가 잘 다스려졌
다. 무왕은 "나에게는 능력 있는 신하가 열 사람 있다"라고
하셨다.
공자께서 말씀하셨다. "인재를 얻는 것은 어려운 일이라더
니, 그렇지 아니한가? 당나라에서 우나라로 넘어가던 시기에
비해 주나라 무왕의 시대에는 인재가 풍부했지만, 그 중에는
부인도 한 사람 있었으니, 실제로는 아홉 사람뿐이었다. 주나
라의 문왕은 천하의 삼분의 이를 차지하고서도 은나라를 섬
겼으니, 주나라의 덕은 지극한 덕이라고 말할 수 있을 것이
다."

子曰, "禹, 吾無間然矣. 菲飮食, 而致孝乎鬼神, 惡衣服, 而致
美乎黻冕, 卑宮室, 而盡力乎溝洫. 禹, 吾無間然矣."

공자께서 말씀하셨다. "우임금에 대해서라면 나는 비난할 것
이 없다. 자신의 식사는 형편없으면서도 귀신에게는 정성을
다하였고, 자신의 의복은 검소하게 입으면서도 제사 때의 예

복은 아름다움을 지극히 했으며, 자신의 집은 허름하게 하면
서도 농민들의 관개사업에는 온 힘을 다했다. 우임금에 대해
서라면 나는 비난할 것이 없다.

9. 子罕

子罕言利與命與仁.

공자께서는 이익과 같이 의리를 해치는 것이나, 천명(天命)과
인(仁)처럼 실현하기 어려운 도리에 대해서는 좀처럼 말씀하
지 않으셨다.

達巷黨人曰, "大哉孔子! 博學而無所成名." 子聞之, 謂門弟
子曰, "吾何執? 執御乎? 執射乎? 吾執御矣."

달항 고을의 사람이 말하였다. "위대하도다, 공자여! 그러나
폭넓게 공부는 했지만, 한 분야에서도 전문적인 명성을 이루
지는 못했구나."
공자께서는 이 말을 들으시고 문하의 제자들에게 말씀하셨다.
"나는 무엇을 전문으로 할까? 수레몰이를 전문으로 할까, 활
쏘기를 전문으로 할까? 그렇다면 나는 수레몰이를 전문으로
해야겠다."

子曰, "麻冕, 禮也, 今也純, 儉, 吾從衆. 拜下, 禮也, 今拜乎

上, 泰也. 雖違衆, 吾從下."

공자께서 말씀하셨다. "삼베로 만든 관을 쓰는 것이 예법에 맞지만, 지금은 명주로 만든 것을 쓴다. 이것이 검소하므로 나는 여러 사람들이 하는 것을 따르겠다. 마루 아래에서 절하는 것이 예법에 맞지만, 지금은 마루 위에서 절을 한다. 이것은 교만한 것이므로, 비록 여러 사람들과 다르더라도 나는 마루 아래서 절하겠다."

　子絶四, 毋意, 毋必, 毋固, 毋我.

공자께서는 네 가지를 절대로 하지 않으셨다. 사사로운 뜻을 갖는 일이 없으셨고, 기필코 해야 한다는 일이 없으셨다. 무리하게 고집부리는 일도 없으셨고, 자신만을 내세우려는 일도 없으셨다.

　子畏於匡, 曰, "文王旣沒, 文不在玆乎? 天之將喪斯文也, 後死者不得與於斯文也, 天之未喪斯文也, 匡人其如予何?"

공자께서 광 땅에서 위태로운 일을 당하셨을 때 말씀하셨다. "문왕께서 이미 돌아가셨으니 이제 그 문화가 여기에 있지 않은가? 하늘이 장차 이 문화를 없애려 하신다면, 나는 이 문화에 참여할 수 없을 것이다. 그러나 하늘이 이 문화를 없애려 하지 않으신다면 광 땅의 사람들이 나를 어찌하겠느냐?"

大宰問於子貢曰, "夫子聖者與? 何其多能也?" 子貢曰, "固天縱之將聖, 又多能也." 子聞之曰, "大宰知我乎! 吾少也賤, 故多能鄙事. 君子多乎哉? 不多也." 牢曰, "子云, '吾不試, 故藝.'"

태재가 자공에 물었다. "선생님께서는 성인(聖人)이신가? 어찌 그렇게 다재다능하신가?"
자공이 말하였다. "본래 하늘이 그분을 큰 성인으로 삼고자 하였으므로, 또한 다재다능하신 것입니다."
공자께서 이를 듣고 말씀하셨다. "태재가 나를 아는가? 나는 젊었을 때 천하게 살았기 때문에 비천한 일에 여러 가지로 능한 것이다. 군자가 여러 가지 일에 능할까? 그렇지 않다."
노가 말하였다. "선생님께서 말씀하시기를 '나는 관직에 등용되지 않았기 때문에 여러 가지 재주를 익히게 되었다'라고 하셨다."

子曰, "吾有知乎哉? 無知也. 有鄙夫問於我, 空空如也. 我叩其兩端而竭焉."

공자께서 말씀하셨다. "내가 아는 것이 있는가? 나는 아는 것이 없다. 그러나 어떤 비천한 사람이 나에게 질문을 한다면, 아무리 어리석더라도, 나는 내가 아는 것을 다하여 알려 줄 것이다."

子曰, "鳳鳥不至, 河不出圖, 吾已矣夫!"

공자께서 말씀하셨다. "봉황새도 오지 않고, 황하에서 하도
도 나오지 않으니, 나는 이제 끝인가 보구나!"

子見齊衰者冕衣裳者與瞽者, 見之, 雖少必作, 過之必趨.

공자께서는 상복을 입은 사람이나 예복을 갖추어 입은 사람,
그리고 장님을 만나시면, 그들을 보아서 그들이 비록 젊다고
하더라도 반드시 일어섰으며, 그들의 앞을 지나가실 때에는
반드시 종종걸음을 하셨다.

顔淵喟然歎曰, "仰之彌高, 鑽之彌堅. 瞻之在前, 忽焉在後. 夫
子循循然善誘人, 博我以文, 約我以禮, 欲罷不能. 旣竭吾才, 如
有所立卓爾. 雖欲從之, 末由也已."

안연이 크게 탄식하며 말하였다. "우러러 볼수록 더욱 높고,
파고 들어갈수록 더욱 견고하며, 바라보면 앞에 계신 듯하다
가 어느새 뒤에 와 계신다. 선생님께서는 차근차근 사람들을
잘 이끌어 주시어서, 학문으로 우리를 넓혀 주시고, 예의로써
우리를 단속해 주신다. 그만두고 싶어도 그만둘 수 없으니,
이미 나의 재주를 다 하여도, 선생님께서 세워 놓으신 가르침
은 우뚝 서 있는 듯하다. 비록 그것을 따르고자 해도 따라갈

수가 없구나."

　子疾病, 子路使門人爲臣. 病間, 曰, “久矣哉, 由之行詐也! 無
臣而爲有臣. 吾誰欺? 欺天乎! 且予與其死於臣之手也, 無寧死於
二三子之手乎! 且予縱不得大葬, 予死於道路乎?"

공자께서 병이 심해지시자 자로가 제자를 시켜서 가신 노릇
을 하게 했다. 병이 조금 뜸해지시자 공자께서 말씀하셨다.
"오래되었구나. 유가 거짓을 행한 지가! 가신이 없으면서 가
신이 있는 척을 하다니, 내가 누구를 속이겠느냐? 하늘을 속
이겠느냐? 또한 내가 가신의 손에서 죽기보다는 오히려 자네
들의 손에 죽는 것이 낫지 않겠느냐? 또 내가 비록 성대한
장례는 치러질 수 없다 하더라도, 길바닥에서 죽기야 하겠느
냐?"

　子貢曰, “有美玉於斯, 韞匵而藏諸? 求善賈而沽諸?" 子曰,
“沽之哉! 沽之哉! 我待賈者也."

자공이 말하였다. "여기에 아름다운 옥이 있다면 궤 속에 넣
어서 보관해 두시겠습니까? 좋은 상인을 구하여 파시겠습니
까?"
공자께서 말씀하셨다. "팔아야지! 팔아야지! 나는 상인을 기
다리는 사람이네."

子欲居九夷. 或曰, "陋如之何? 子曰, "君子居之, 何陋之有?"

공자께서 동쪽 오랑캐의 땅에 가서 사시겠다고 하자, 어떤 이가 말하기를, "누추할 텐데 어찌 지내시려 하십니까?"라고 하였다.
공자께서 말씀하셨다. "군자가 가서 살면 교화가 될 터인데 무슨 누추함이 있겠느냐?"

子曰, "吾自衛反魯, 然後樂正, 雅頌各得其所."

공자께서 말씀하셨다. "내가 위나라에서 노나라로 돌아온 뒤에야 음악이 바르게 되어 아와 송이 각각 제자리를 찾았다."

子曰, "出則事公卿, 入則事父兄, 喪事不敢不勉, 不爲酒困, 何有於我哉?"

공자께서 말씀하셨다. "나가서는 벼슬 높은 이를 섬기고 들어와서는 어른들을 섬기며, 상을 당했을 때는 감히 정성을 다하지 않음이 없고, 술 마시고 실수하지 않는 일과 같은 것은, 나에게 무슨 문제가 있겠는가?"

子在川上曰, "逝者如斯夫! 不舍晝夜."

공자께서 냇가에서 말씀하셨다. "흘러가는 것은 이 물과 같으니 밤낮도 없이 흘러가는구나!"

子曰, "吾未見好德如好色者也."

공자께서 말씀하셨다. "나는 아직 덕(德)을 좋아하기를 아름다운 여인 좋아하듯이 하는 사람을 보지 못했다."

子曰, "譬如爲山, 未成一簣, 止, 吾止也. 譬如平地, 雖覆一簣, 進, 吾往也."

공자께서 말씀하셨다. "비유하자면 산을 쌓다가 한 삼태기의 흙이 모자라는 상황에서 그만두었다 하더라도 그것은 내가 그만둔 것이다. 또한 비유하자면 땅을 평평하게 하기 위해 한 삼태기의 흙을 갖다 부었어도 일이 진전되었다면 그것은 내가 진보한 것이다."

子曰, "語之而不惰者, 其回也與!"

공자께서 말씀하셨다. "일러주면 게을리 하지 않는 사람이 바로 안회로다."

子謂顔淵曰, "惜乎! 吾見其進也, 未見其止也."

공자께서 죽은 안연에 대하여 말씀하셨다. "애석하구나! 나는 그가 진보하는 것만 보았지, 그가 멈추어 있는 것을 본 적이 없었다."

子曰, "苗而不秀者, 有矣夫! 秀而不實者, 有矣夫!"

공자께서 말씀하셨다. "싹은 솟았어도 꽃을 피우지 못하는 것이 있구나. 꽃은 피어도 열매를 맺지 못하는 것이 있구나."

子曰, "後生可畏, 焉知來者之不如今也? 四十五十而無聞焉, 斯亦不足畏也已."

공자께서 말씀하셨다. "후배들이란 두려운 것이니, 그들이 지금의 우리만 못하리란 것을 어찌 알 수 있겠는가? 사십, 오십이 되어서도 이름이 알려지지 않는다면, 그 또한 두려워할 만한 사람이 못된다."

子曰, "法語之言, 能無從乎? 改之爲貴. 巽與之言, 能無說乎? 繹之爲貴. 說而不繹, 從而不改, 吾末如之何也已矣."

공자께서 말씀하셨다. "올바른 말로 일러주는 것을 따르지 않을 수 있겠는가? 그러나 중요한 것은 실제로 잘못을 고치는 것이다. 은근하게 타이르는 말에 기뻐하지 않을 수 있겠는가? 그러나 중요한 것은 그 참뜻을 찾아 실천하는 것이다. 기뻐하기만 하고 참뜻을 궁구하지 않거나, 따르기만 하고 실제로 잘못을 고치지 않는다면, 나도 그런 사람은 끝내 어찌 할 수가 없구나."

子曰, "主忠信, 毋友不如己者, 過則勿憚改."

공자께서 말씀하셨다. "성심과 신의를 지키며, 자기만 못한 사람을 벗삼지 말고, 잘못이 있으면 고치기를 주저하지 말아라."

子曰, "三軍可奪帥也, 匹夫不可奪志也."

공자께서 말씀하셨다. "대군의 장수를 빼앗을 수는 있어도, 한 사람의 뜻은 빼앗을 수가 없다."

子曰, "衣敝縕袍, 與衣狐貉者立, 而不恥者, 其由也與? '不忮不求, 何用不臧?'" 子路終身誦之. 子曰, "是道也, 何足以臧?"

공자께서 말씀하셨다. "해진 솜옷을 입고서 여우나 담비 털 가죽옷을 입은 사람과 같이 서 있어도 부끄러워하지 않을 사람이 바로 유로다! 그러나 '남을 해치지도 않고 남의 것을 탐내지도 않으니 어찌 훌륭하지 않은가?' 라는 시의 한 구절을 자로가 평생 외우고 다니겠다고 하자, 공자께서 말씀하셨다. "그런 도(道)가 어찌 훌륭하다고까지 할 수 있겠느냐?"

子曰, "歲寒然後知松柏之後彫也."

공자께서 말씀하셨다. "날씨가 추워진 뒤에야 소나무와 잣나무가 뒤늦게 시든다는 것을 알게 된다."

子曰, "知者不惑, 仁者不憂, 勇者不懼."

공자께서 말씀하셨다. "지혜로운 사람은 미혹되지 않고, 인(仁)한 사람은 근심하지 않으며, 용기 있는 사람은 두려워하지 않는다."

子曰, "可與共學, 未可與適道, 可與適道, 未可與立, 可與立, 未可與權."

공자께서 말씀하셨다. "함께 공부할 수 있는 사람이라도 함께 도(道)로 나아갈 수는 없고, 함께 도로 나아갈 수 있는 사람이라도 입장을 같이 할 수는 없으며, 입장을 같이 할 수 있는 사람이라도 상황에 따른 판단을 함께 할 수는 없다."

"唐棣之華, 偏其反而. 豈不爾思? 室是遠而." 子曰, "未之思也, 夫何遠之有?"

‘산앵도나무 꽃이 펄럭펄럭 나부끼네. 어찌 그대 그립지 않으리요마는, 그대 머무는 곳 너무 머네.'

공자께서 이 시에 대해 말씀하셨다. "그리워하지 않는 것이지, 진정 그리워한다면 어찌 거리가 멀 까닭이 있겠는가?"

10. 鄉黨

孔子於鄉黨, 恂恂如也, 似不能言者. 其在宗廟朝廷, 便便言, 唯謹爾.

공자께서 마을에 계실 때에는 겸손하고 과묵하여 말을 못하는 사람 같으셨다. 그러나 종묘와 조정에 계실 때에는 분명하게 주장을 펴시되 다만 신중하셨다.

朝, 與下大夫言, 侃侃如也, 與上大夫言, 誾誾如也. 君在, 踧踖如也, 與與如也.

조정에서 하대부와 말씀하실 때에는 강직하셨고, 상대부와 말씀하실 때에는 부드럽게 어울리시면서도 주장을 분명히 하셨으며, 임금이 계실 때에는 공경스러우면서도 절도에 맞게 위엄을 갖추셨다.

君召使擯, 色勃如也, 足躩如也. 揖所與立, 左右手, 衣前後, 襜如也. 趨進, 翼如也. 賓退, 必復命曰, "賓不顧矣."

임금이 불러 나라의 손님을 접대하게 하면, 얼굴빛을 바로잡으시고 공경스럽게 발걸음을 옮기셨다. 함께 서 있는 사람에게 인사를 하실 때는 읍을 하실 때마다 옷이 앞뒤로 가지런히 움직이셨다. 빠른 걸음으로 나아가실 때에는 손의 움직임이 새가 날개를 편 듯 단정하셨다. 손님이 물러간 후에는 반드시, "손님께서 뒤돌아보지 않으시고 완전히 떠났습니다."라고 보고하셨다.

入公門, 鞠躬如也, 如不容. 立不中門, 行不履閾. 過位, 色勃如也, 足躩如也, 其言似不足者. 攝齊升堂, 鞠躬如也, 屛氣似不息者. 出, 降一等, 逞顔色, 怡怡如也. 沒階, 趨進, 翼如也. 復其位, 踧踖如也.

궁궐의 큰 문에 들어가실 적에도 몸을 굽히시고, 마치 문이 작아 들어가기가 넉넉하지 못한 듯이 하셨다. 문 한가운데에는 서 있지 않으셨고, 다니실 때에도 문지방을 밟지 않으셨다. (임금께서 계시지 않을 때라도) 임금의 자리 앞을 지나실 때에는 낯빛을 바로잡으시고 발걸음을 공경스럽게 하셨으며, 말씀은 말을 잘 하지 못하는 사람처럼 하셨다. 옷자락을 잡고 당(堂)에 오르실 때에는 몸을 움츠려 굽히셨고, 숨소리를 죽이시어 마치 숨을 쉬지 않는 사람 같으셨다. 나오시어 한 계단을 내려서시면서 낯빛의 긴장을 푸시어 온화하고 기쁜 표정을 지으셨다. 계단을 다 내려오시어서는 빠른 걸음으로 나아가시는데, 마치 새가 날개를 편 듯이 단정하셨다. 자신의 자리에 돌아오셔서는 공손하고 조심스러웠다.

執圭, 鞠躬如也, 如不勝. 上如揖, 下如授. 勃如戰色, 足蹜蹜如有循. 享禮, 有容色. 私覿, 愉愉如也.

규를 잡으실 때에는 몸을 굽히시기를 마치 그 무게를 이기지 못하시는 듯 조심스럽게 하셨다. 규를 잡는 법은 위로는 읍할 때의 두 손을 마주잡는 위치와 같게 하시고, 아래로는 남에게 물건을 줄 때 손을 내리는 위치와 같게 하셨으며, 낯빛을 바로잡으시되 두려워하시는 듯한 빛을 띠셨고, 발걸음은 보폭을 좁게 하시면서 뒤꿈치를 끄는 듯하셨다. 가져간 예물을 제후에게 올릴 때는 부드러운 낯빛을 하셨으며, 개인적으로 사람들과 예물을 주고받으며 사귈 때는 온화하고 즐겁게 하셨다.

君子不以紺緅飾, 紅紫不以爲褻服. 當署, 袗絺綌, 必表而出之. 緇衣, 羔裘, 素衣, 麑裘, 黃衣狐裘. 褻裘長, 短右袂. 必有寢衣, 長一身有半. 狐貉之厚以居. 去喪, 無所不佩. 非帷裳, 必殺之. 羔裘玄冠不以弔. 吉月, 必朝服而朝.

군자께서는 짙은 보라색과 주홍색으로 옷깃을 달지 않으셨고, 붉은색과 자주색으로 평상복을 만들지 않으셨다. 더운 계절에는 홑옷으로 된 고운 갈포옷이나 굵은 갈포옷을 입으시되, 반드시 안에 옷을 받치시고 그 위에 입으신 후 외출하셨다. 검

은 옷에는 검은 양의 털가죽으로 만든 옷을 입으시고, 흰 옷
에는 새끼 사슴의 털가죽으로 만든 흰옷을 입으셨으며, 누런
옷에는 여우의 털가죽으로 만든 옷을 입으셨다. 평상시에 입
는 갖옷은 길게 하되, 행동하기 편하게 하기 위해 오른쪽 소
매는 짧게 하셨다. 반드시 잠자리옷이 있으셨는데, 길이는 키
의 한 배 반이었다. 여우와 담비의 두터운 털가죽을 두툼하게
깔고 지내셨다. 탈상(脫喪)한 뒤에는 패옥을 가리지 않고 차
셨다. 조복(朝服)이나 제복(祭服)이 아니면 반드시 폭을 줄여
서 입으셨다. 검은 털가죽옷과 검은 관을 쓰시고는 조문을 하
지 않으셨다. 매달 초하루에는 반드시 조복(朝服)을 입고 조
정에 들어가셨다.

　齊必有明衣, 布. 齊必變食, 居必遷坐.

재계하실 때에는 목욕 후 입으시는 밝고 깨끗한 옷이 있으셨
는데, 이는 삼베로 만든 것이었다. 재계하실 때는 반드시 음
식을 평소와 달리하셨으며, 거처도 반드시 평소와 달리하셨
다.

　食不厭精, 膾不厭細. 食饐而餲, 魚餒而肉敗, 不食. 色惡, 不
食. 臭惡, 不食. 失飪, 不食. 不時, 不食. 割不正, 不食. 不得其
醬, 不食. 肉雖多, 不使勝食氣. 唯酒無量, 不及亂. 沽酒市脯不
食. 不撤薑食, 不多食. 祭於公, 不宿肉. 祭肉, 不出三日. 出三
日, 不食之矣. 食不語, 寢不言. 雖疏食菜羹, 瓜祭, 必齊如也.

밥은 고운 쌀이라야 싫어하지 않으셨고, 회는 가늘게 썬 것이어야 싫어하지 않으셨다. 밥이 쉬어 맛이 변한 것과 생선이나 고기가 상한 것은 드시지 않으셨다. 빛깔이 나쁜 것도 안 드셨고, 냄새가 나쁜 것도 안 드셨다. 잘못 익힌 것도 안 드셨고, 제철이 아닌 음식도 안 드셨다. 썬 것이 반듯하지 않으면 안 드셨고, 간이 적절하게 들지 않은 것도 안 드셨다. 고기가 아무리 많아도 밥 생각을 잃을 정도로 드시지는 않으셨다. 술만은 한정을 두지 않으셨으나, 품격을 어지럽힐 정도까지 이르시지는 않았다. 사 온 술과 사 온 육포는 드시지 않으셨다. 생강은 물리치지 않고 드셨으나 많이 드시지는 않으셨다. 나라의 제사에서 받은 고기는 하룻밤을 묵히지 않으셨다. 다른 제사에서 나온 고기도 삼 일을 넘기지는 않으셨고, 삼 일을 넘기면 드시지 않으셨다. 식사하실 때는 말씀이 없으셨고, 잠자리에서도 말씀이 없으셨다. 비록 거친 밥과 채소국이라도 반드시 고수레를 하셨는데, 언제나 엄숙하고 삼가는 모습이셨다.

席不正, 不坐.

자리가 바르지 않으면 앉지 않으셨다.

鄉人飲酒, 杖者出, 斯出矣. 鄉人儺, 朝服而立於阼階.

마을 사람들과 술을 마실 때에는, 지팡이를 짚으신 노인들이 나가시면 그 때야 나가셨다. 마을 사람들이 역귀(疫鬼)를 쫓는 나례(儺禮)를 행할 때면, 예복을 입고 동쪽 섬돌에 엄숙하게 서 계셨다.

問人於他邦, 再拜而送之. 康子饋藥, 拜而受之. 曰, "丘未達, 不敢嘗."

사람을 다른 나라에 보내 문안을 드리실 때에는 그에게 두 번 절하고 보내셨다. 계강자가 약을 보내오자 절하고 받으면서 말씀하셨다. "제가 잘 알지 못하기 때문에, 감히 맛보지는 못하겠습니다."

廐焚. 子退朝曰, "傷人乎?" 不問馬.

마굿간에 불이 났는데, 공자께서 퇴근하시어 "사람이 다쳤느냐?" 라고 물으시고는, 말에 대해서는 묻지 않으셨다.

君賜食, 必正席先嘗之. 君賜腥, 必熟而薦之. 君賜生, 必畜之. 侍食於君, 君祭, 先飯. 疾, 君視之, 東首, 加朝服, 拖紳. 君命召, 不俟駕行矣.

임금이 음식을 내려 주시면 반드시 자리를 바로 하고서 먼저 맛을 보셨다. 임금이 날고기를 내려 주시면 반드시 익혀서 조상께 올리셨다. 임금이 산 짐승을 내려 주시면 반드시 그것을 기르셨다. 임금을 모시고 식사를 할 때는, 임금이 고수레를 올리시면 먼저 맛을 보셨다. 병이 들었을 때 임금이 문병을 오시면, 머리를 동쪽으로 두시고 누워 조복을 몸에 덮고 그 위에 펼쳐 놓으셨다. 임금이 명을 내려 부르시면 수레 준비를 기다리지 않고 걸어서 가셨다.

入太廟, 每事問.

태묘에 들어가셔서는 일마다 물으셨다.

朋友死, 無所歸, 曰, "於我殯." 朋友之饋, 雖車馬, 非祭肉, 不拜.

벗이 죽었는데 돌보아 줄 사람이 없자, "내 집에 빈소를 차리자"라고 하셨다. 벗이 주는 것은 비록 수레나 말일지라도 제사 지낸 고기가 아니면 절하지 않으셨다.

寢不尸, 居不容. 見齊衰者, 雖狎, 必變. 見冕者與瞽者, 雖褻, 必以貌. 凶服者式之. 式負版者. 有盛饌, 必變色而作. 迅雷風烈必變.

잠자리에서는 시체처럼 함부로 하여 눕지 않으셨고, 집에 계실 때에는 엄숙하지는 않으면서도 몸가짐을 소홀히 하지 않으셨다. 상복입은 사람을 보시면 친한 사이라 할지라도 반드시 낯빛을 바로잡으셨고, 예복을 입은 사람과 장님을 만나시면 비록 가깝게 지내는 사이라 할지라도 반드시 낯빛을 달리하셨다. 상복을 입은 사람에게는 수레 위에서도 예의를 표하셨고, 나라의 지도나 문서를 지고 가는 사라에게도 수레 위에서 예를 갖추셨다. 손님으로서 훌륭한 음식을 대접받으시면 반드시 낯빛을 바로잡고 일어서서 예를 표하셨다. 심하게 치고 바람이 거세게 불면, 반드시 낯빛을 달리하셨다.

升車, 必正立, 執綏. 車中, 不內顧, 不疾言, 不親指.

수레에 오르시면 반드시 바르게 서서 손잡이 줄을 잡으셨다. 수레 안에서는 두리번거리지 않으셨고, 말씀을 빨리 하지 않으셨으며, 직접 손가락질 하지 않으셨다.

色斯擧矣, 翔而後集. 曰, "山梁雌雉, 時哉時哉!" 子路共之, 三嗅而作.

새들이 사람들의 기색을 살피다가 날아올라 빙빙 돌다가 내려앉았다. 이를 보고 공자께서 말씀하셨다. "산의 다리에 있는 까투리야, 제철을 만났구나! 제철을 만났구나!"
자로가 그 까투리를 잡아서 바치자, 세 번 냄새를 맡으시고는 일어나셨다.

11. 先進

子曰, "先進於禮樂, 野人也, 後進於禮樂, 君子也. 如用之, 則吾從先進."

공자께서 말씀하셨다. "옛 사람들은 예(禮)와 음악에 있어서 야인처럼 질박했으나, 후대의 사람들은 예와 음악에 있어서 군자처럼 형식미를 갖추고 있다. 만일 내가 마음대로 택하여 쓸 수 있다면 나는 옛 사람들을 따르겠다."

子曰, "從我於陳蔡者, 皆不及門也." 德行, 顔淵閔子騫冉伯牛仲弓. 言語, 宰我子貢. 政事, 冉有季路. 文學, 子游子夏.

공자께서 말씀하셨다. "진나라와 채나라에서 고생할 때 나를 따르던 사람들이 모두 나의 문하에 없구나. 덕행(德行)으로 모범이 된 사람으로는 안연, 민자건, 염백우, 중궁이 있었고, 언변으로 뛰어나기로는 재아, 자공이 있었고, 정치에 능하기로는 염유, 계로가 있었고, 문장과 학문으로는 자유, 자공이 있었다."

子曰, "回也非助我者也, 於吾言無所不說."

공자께서 말씀하셨다. "안회는 나를 도와주는 사람이 아니다. 그는 내가 하는 말에 대해 기뻐하지 않는 것이 없구나."

子曰, "孝哉閔子騫! 人不間於其父母昆弟之言."

공자께서 말씀하셨다. "효성스럽구나. 민자건이여! 부모형제가 그의 효성을 칭찬하는 데는 사람들도 트집잡지 못하는구나."

南容三復白圭, 孔子以其兄之子妻之.

남용이 '백규'의 싯귀를 하루에 세 번씩 암송하자, 공자께서 형님의 딸을 그에게 시집 보내었다.

季康子問, "弟子孰爲好學?" 孔子對曰, "有顔回者好學, 不幸短命死矣, 今也則亡."

계강자가 물었다. "제자 중에 누가 학문을 좋아합니까?"
공자께서 대답하셨다. "안회라는 사람이 학문을 좋아하였는데 불행히도 젊은 나이에 죽었습니다. 이제는 그런 사람이 없습니다."

顔淵死, 顔路請子之車以爲之槨. 子曰, "才不才, 亦各言其子
也. 鯉也死, 有棺而無槨. 吾不徒行以爲之槨. 以吾從大夫之後,
不可徒行也."

안연이 죽자 그의 아버지인 안로가 공자의 수레를 팔아 그에
게 덧관을 만들어 줄 것을 청하니, 공자께서 말씀하셨다.
"재주가 있든 없든 각기 자기의 자식을 위해 말하기 마련이
다. 그러나 내 아들 리가 죽었을 때도 관만 있었고 덧관은 없
었다. 내가 걸어다니면서까지 그에게 덧관을 만들어 주지 않
은 것은, 나도 대부의 신분인지라 걸어서 다닐 수는 없었기
때문이다."

顔淵死. 子曰, "噫! 天喪予! 天喪予!"

안연이 죽자 공자께서 말씀하셨다. "아! 하늘이 나를 버리시
는구나! 하늘이 나를 버리시는구나!"

顔淵死, 子哭之慟. 從者曰, "子慟矣!" 曰, "有慟乎? 非夫人
之爲慟而誰爲?"

안연이 죽자 공자께서 대단히 슬퍼하시며 곡을 하셨다. 이를
보고, 모시던 사람이 말하였다. "선생님께서 지나치게 애통
해 하십니다."
공자께서 말씀하셨다. "지나치게 애통해 한다고? 이런 사람

을 위해서 애통해 하지 않는다면 누구를 위해 그렇게 하겠느냐?"

顔淵死, 門人欲厚葬之. 子曰, "不可." 門人厚葬之. 子曰, "回也視予猶父也, 予不得視猶子也. 非我也, 夫二三子也."

안연이 죽자 문인들이 그를 성대하게 장사지내고자 하니, 공자께서 "안된다"라고 하셨다. 그러나 마침내 문인들이 성대하게 장사지내자, 공자께서 말씀하셨다. "회는 나를 친아버지처럼 대했는데, 나는 그를 자식처럼 대하지 못했구나. 이는 나의 탓이 아니라, 너희들 몇몇의 탓이로다."

季路問事鬼神. 子曰, "未能事人, 焉能事鬼?" 曰, "敢問死." 曰, "未知生, 焉知死?"

계로가 귀신 섬기는 일에 대하여 여쭈자, 공자께서 말씀하셨다. "사람도 제대로 섬기지 못하는데 귀신을 섬길 수 있겠느냐?"
"감히 죽음에 대하여 여쭙겠습니다."
공자께서 말씀하셨다. "삶도 제대로 알지 못하는데 어찌 죽음을 알겠느냐?"

閔子侍側, 誾誾如也, 子路, 行行如也, 冉有子貢, 侃侃如也. 子樂. "若由也, 不得其死然."

민자건은 공자를 곁에서 모실 때 더불어 즐거워하면서도 주장이 분명하였고, 자로는 강하고 용감하였으며, 염유, 자공은 강직하였다. 공자께서는 이런 제자들과 지내며 즐거워하셨다. 그러나 "유(자로)와 같은 사람은 제 명대로 살지 못할 것이다."라고 하셨다.

魯人爲長府. 閔子騫曰, "仍舊貫, 如之何? 何必改作?" 子曰, "夫人不言, 言必有中."

노나라 사람이 장부(長府)라는 창고를 다시 만들자, 민자건이 말하였다. "옛 것을 그대로 쓰면 어떤가? 왜 꼭 다시 지어야만 하는가?"
이를 듣고 공자께서 말씀하셨다. "그 사람은 말을 잘 안 하지만, 말을 하면 반드시 이치에 맞는다."

子曰, "由之瑟, 奚爲於丘之門?" 門人不敬子路. 子曰, "由也升堂矣, 未入於室也."

공자께서 말씀하셨다. "유(자로)의 거문고를 어찌 내 집안에서 연주할 수가 있겠느냐?" 이를 듣고 문인들이 자로를 공경하지 않았다. 이를 듣고 공자께서 말씀하셨다. "유는 대청마루에는 올라섰으나, 다만 아직 방안에 못 들어온 것이다."

子貢問, "師與商也孰賢?" 子曰, "師也過, 商也不及." 曰,
"然則師愈與?" 子曰, "過猶不及."

자공이 여쭈었다. "사(자장)와 상(자하)은 누가 더 현명합니
까?"
공자께서 말씀하셨다. "사는 지나치고 상은 부족하지."
"그러면 사가 낫습니까?"
공자께서 말씀하셨다. "지나친 것은 모자란 것과 마찬가지이
네."

季氏富於周公, 而求也爲之聚斂而附益之. 子曰, "非吾徒也.
小子鳴鼓而攻之, 可也."

계씨는 주공보다 더 부유했는데, 그의 가재(家宰)인 염구가
그를 위해 세금을 거두어 모아서 그를 더 부유하게 해주었다.
이에 공자께서 말씀하셨다. "그는 나의 제자가 아니다. 너희
들은 북을 울리며 그를 공격해도 괜찮다."

柴也愚, 參也魯, 師也辟, 由也喭.

시는 어리석고 삼(증자)는 둔하고 사(자장)는 형식에 치우치고
유(자로)는 거칠다.

子曰, "回也其庶乎, 屢空. 賜不受命, 而貨殖焉, 億則屢中."

공자께서 말씀하셨다. "회(안연)는 거의 도(道)를 터득했지만, 자주 쌀통이 빌 정도로 가난했다. 사(자공)는 운명을 그대로 받아들이지 않고 재산을 늘렸는데, 그의 예측은 여러 차례 적중했다."

子張問善人之道. 子曰, "不踐迹, 亦不入於室."

자장이 선한 사람이 되는 길에 대해 여쭙자, 공자께서 말씀하셨다. "옛 성현의 가르침과 행적을 따르지 않으면, 역시 높은 경지에는 들어갈 수 없다."

子曰, "論篤是與, 君子者乎? 色莊者乎?"

공자께서 말씀하셨다. "말하는 것이 미덥다고 해서 그를 인정해 준다면, 그가 군자다운 사람이라는 것이냐? 겉모습 그럴듯한 사람이라는 것이냐?"

子路問, "聞斯行諸?" 子曰, "有父兄在, 如之何其聞斯行之?" 冉有問, "聞斯行諸?" 子曰, "聞斯行之." 公西華曰, "由也問聞斯行諸, 子曰, '有父兄在', 求也問聞斯行諸, 子曰, '聞斯行之'. 赤也惑, 敢問." 子曰, "求也退, 故進之, 由也兼人, 故退之."

자로가 "좋은 말을 들으면 곧 실천해야 합니까?" 하고 여쭙자, 공자께서 말씀하셨다. "부형이 계시는데 어찌 듣는 대로 곧 행하겠느냐?"

염유가 "좋은 말을 들으면 실천해야 합니까?" 하고 여쭙자, 공자께서 말씀하셨다. "들으면 곧 행해야 한다."

공서화가 여쭈었다. "유(자로)가 '들으면 곧 실천해야 합니까?'라고 여쭈었을 때는 선생님께서 '부형이 계신다'라고 하셨는데, 구(염유)가 '들으면 곧 실천해야 합니까?'하고 여쭈었을 때는 '들으면 곧 행해야 한다'고 말씀하셨습니다. 저는 의아하여 감히 여쭙고자 합니다."

공자께서 말씀하셨다. "구(염유)는 소극적이기 때문에 적극적으로 나서게 한 것이고, 유(자로)는 남을 이기려 하기 때문에 물러서도록 한 것이다."

子畏於匡, 顔淵後. 子曰, "吾以女爲死矣." 曰, "子在, 回何敢死?"

공자께서 광 땅에서 위험한 일을 당하셨을 때 안연이 뒤늦게 도착하자, 공자께서 말씀하셨다. "나는 네가 죽은 줄로 알았구나."

"선생님께서 계신 데 제가 어찌 감히 죽겠습니까?"

季子然問, "仲由冉求可謂大臣與?" 子曰, "吾以子爲異之問,

曾由與求之問. 所謂大臣者, 以道事君, 不可則止. 今由與求也,
可謂具臣矣." 曰, "然則從之者與?" 子曰, "弑父與君, 亦不
從也."

계자연이 여쭈었다. "중유와 염구는 큰 신하라고 할 만합니
까?"
공자께서 말씀하셨다. "나는 선생께서 범상치 않은 질문을
하시리라 생각했는데, 겨우 유와 구에 대한 질문이시군요. 이
른바 큰 신하란 도(道)로써 임금을 섬기다가, 제대로 할 수
없으면 그만두는 것입니다."
"그렇다면 임금이 시키는 대로 따르기만 하는 사람들입니
까?"
공자께서 말씀하셨다. "아버지와 임금을 시해하는 일 같은
것은 그래도 따르지 않을 것입니다."

子路使子羔爲費宰. 子曰, "賊夫人之子." 子路曰, "有民人
焉, 有社禝焉, 何必讀書, 然後爲學?" 子曰, "是故惡夫佞者."

자로가 자고를 비 땅의 읍재로 삼자, 공자께서 말씀하셨다.
"남의 자식을 망치는구나."
자로가 말씀드렸다. "다스릴 백성이 있고 받들 사직이 있는
데, 하필 글을 읽은 다음에야 공부를 한다고 하겠습니까?"
공자께서 말씀하셨다. "이래서 말 잘하는 사람을 미워하는
것이다."

子路曾晳冉有公西華侍坐. 子曰, "以吾一日長乎爾, 毋吾以也. 居則曰, '不吾知也!' 如或知爾, 則何以哉?" 子路率爾而對曰, "千乘之國, 攝乎大國之間, 加之以師旅, 因之以饑饉, 由也爲之, 比及三年, 可使有勇, 且知方也." 夫子哂之. "求! 爾何如?" 對曰, "方六七十, 如五六十, 求也爲之, 比及三年, 可使足民. 如其禮樂, 以俟君子." "赤! 爾何如?" 對曰, "非曰能之, 願學焉. 宗廟之事, 如會同, 端章甫, 願爲小相焉." "點! 爾何如?" 鼓瑟希, 鏗爾, 舍瑟而作, 對曰, "異乎三子者之撰." 子曰, "何傷乎? 亦各言其志也." 曰, "莫春者, 春服旣成, 冠者五六人, 童子六七人, 浴乎沂, 風乎舞雩, 詠而歸." 夫子喟然歎曰, "吾與點也!" 三子者出, 曾晳後. 曾晳曰, "夫三子者之言何如?" 子曰, "亦各言其志也已矣." 曰, "夫子何哂由也?" 曰, "爲國以禮, 其言不讓, 是故哂之." "唯求則非邦也與?" "安見方六七十如五六十而非邦也者?" "唯赤則非邦也與?" "宗廟會同, 非諸侯而何? 赤也爲之小, 孰能爲之大?"

자로, 증석, 염유, 공서화가 공자를 모시고 앉아 있을 때, 공자께서 말씀하셨다. "내가 너희들보다 나이가 조금 많기는 하지만, 그런 것을 의식하지 말고 얘기해 보아라. 평소에 말하기를 '나를 알아주지 않는다'라고 하는데, 만일 너희를 알아주는 사람이 있다면 어떻게 하겠는가?"
자로가 불쑥 나서면서 대답하였다. "제후의 나라가 큰 나라들 사이에 끼어 있어서 군대의 침략을 당하고 거기에 기근까지 이어진다 하더라도, 제가 그 나라를 다스린다면 대략 3년 만에 백성들을 용감하게 하고 또한 살아갈 방향을 알도록 하겠습니다." 공자께서 미소지으셨다.

"구(염유)야, 너는 어찌하겠느냐?"

염유가 대답하였다. "사방 60˜70리 혹은 50˜60리의 땅을 제가 다스린다면, 대략 3년 만에 백성들을 풍족하게 할 수 있습니다. 하지만 그 곳의 예법이나 음악과 같은 것에 관해서는 군자를 기다리겠습니다."

"적(공서화)아, 너는 어찌하겠느냐?"

공서화가 대답하였다. "저는 '할 수 있다'고 말하기보다는, 배우고자 합니다. 종묘에서 제사 지내는 일이나 혹은 제후들이 천자를 알현할 때, 검은 예복과 예관을 갖추고 조금이나마 도움이 되기를 바랍니다."

"점(증석)아 너는 어찌하겠느냐?" 거문고를 타는 소리가 점차 잦아들더니, 뎅그렁 하며 거문고를 밀어 놓고 일어서서 대답하였다. "세 사람이 이야기 한 것과는 다릅니다."

공자께서 말씀하셨다. "무슨 상관이 있겠느냐? 또한 각기 자기의 뜻을 말한 것이다." 증석이 말하였다. "늦은 봄에 봄옷을 지어 입은 뒤, 어른 5˜6명, 어린 아이 6˜7명과 함께 기수에서 목욕을 하고 무우에서 바람을 쐬고는 노래를 읊조리며 돌아오겠습니다."

공자께서 감탄하시며 말씀하셨다. "나는 점과 함께 하련다."

세 사람이 나가고 증석이 뒤에 남았다. 증석이 여쭈었다.

"저 세 사람의 말이 어떻습니까?" 공자께서 말씀하셨다.

"또한 각각 자기의 뜻을 이야기했을 뿐이다."

"선생님께서는 무엇 때문에 유의 말이 미소를 지으셨습니까?"

"나라를 다스리는 것은 예(禮)로써 해야 하는데 그의 말이 겸손하지 않았기 때문에 미소지은 것이다."

"구(염유)의 경우는 나라를 다스리는 것이 아니지 않습니까?"

"어찌 사방 60˜70리 또는 50˜60리인데 나라가 아니라고 생각하는 것이냐?"

"적(공서화)의 경우는 나라를 다스리는 것이 아니지 않습니까?"

"종묘의 일과 천자 알현하는 일이 제후의 일이 아니고 무엇이겠느냐? 적의 일을 작은 일이라고 한다면 누구의 일을 큰 일이라고 할 수 있겠느냐?"

12. 顔淵

顔淵問仁. 子曰, "克己復禮爲仁. 一日克己復禮, 天下歸仁焉. 爲仁由己, 而由人乎哉?" 顔淵曰, "請問其目." 子曰, "非禮勿視, 非禮勿聽, 非禮勿言, 非禮勿動." 顔淵曰, "回雖不敏, 請事斯語矣."

안연이 인에 대해서 여쭙자, 공자께서 말씀하셨다. "자기를 이겨내고 예(禮)로 돌아가는 것이 인이다. 하루만이라도 자기를 이겨내고 예로 돌아가면, 천하가 인에 귀의할 것이다. 인을 실천하는 것이야 자신에게 달린 것이지 다른 사람에게 달린 것이겠느냐?"
안연이 여쭈었다. "그 구체적인 방법을 여쭙고자 합니다."
공자께서 말씀하셨다. "예가 아니면 보지 말고, 예가 아니면 듣지 말며, 예가 아니면 말하지 말고, 예가 아니면 움직이지 말아라."
안연이 말하였다. "제가 비록 총명하지는 못하오나, 이 말씀을 명심하고 실천하겠습니다."

仲弓問仁. 子曰, "出門如見大賓, 使民如承大祭. 己所不欲, 勿施於人. 在邦無怨, 在家無怨."　仲弓曰,　"雍雖不敏, 請事斯語矣."

중궁이 인에 대하여 여쭙자, 공자께서 말씀하셨다. "집 문을 나가서는 큰 손님을 대하듯이 하고, 백성을 부릴 때에는 큰 제사를 받드는 듯이 하며, 자기가 바라지 않는 일을 남에게 하지 말아야 한다. 이렇게 하면 나라에서도 원망하는 이가 없고, 집안에서도 원망하는 이가 없을 것이다."
중궁이 말하였다. "제가 비록 총명하지는 못하오나, 이 말씀을 명심하고 실천하겠습니다."

司馬牛問仁. 子曰,　"仁者, 其言也訒."　曰,　"其言也訒, 斯謂之仁已乎?"　子曰,　"爲之難, 言之得無訒乎?"

사마우가 인에 대하여 여쭙자, 공자께서 말씀하셨다. "인한 사람은 말하는 것을 조심한다."
"말하는 것을 조심하면 곧 그 사람을 인하다고 할 수 있습니까?"
공자께서 말씀하셨다. "실천하는 것이 어려우니, 말하는 데 조심함이 없을 수 있겠느냐?"

司馬牛問君子. 子曰,　"君子不憂不懼."　曰,　"不憂不懼, 斯謂之君子已乎?"　子曰,　"內省不疚, 夫何憂何懼?"

사마우가 군자에 대해서 여쭙자, 공자께서 말씀하셨다. "군자는 근심하지도 않고 두려워하지도 않는다."

"근심도 하지 않고 두려워하지도 않으면, 곧 그 사람을 군자라고 할 수 있습니까?"

공자께서 말씀하셨다. "속으로 반성하여 거리낌이 없다면 무엇을 근심하고 무엇을 두려워하겠느냐?"

司馬牛憂曰, "人皆有兄弟, 我獨亡." 子夏曰, "商聞之矣, 死生有命, 富貴在天. 君子敬而無失, 與人恭而有禮. 四海之內, 皆兄弟也, 君子何患乎無兄弟也?"

사마우가 근심스럽게 말하였다. "남들은 모두 형제가 있는데 저만이 홀로 없습니다."

자하가 말하였다. "제가 듣건대 죽고 사는 것은 운명에 달려 있고, 부귀는 하늘에 달려 있다고 합니다. 군자가 공경하는 마음을 가지고 한 순간도 소홀함이 없이 노력하며, 남에게 공손하고 예의를 지킨다면, 온 세상의 사람들이 모두 형제입니다. 군자가 어찌 형제 없음을 근심하겠습니까?"

子張問明. 子曰, "浸潤之譖, 膚受之愬, 不行焉, 可謂明也已矣. 浸潤之譖, 膚受之愬, 不行焉, 可謂遠也已矣."

자장이 총명함에 대해서 여쭙자, 공자께서 말씀하셨다. "서서히 젖어들게 하는 교묘한 참소와 피부에 와 닿는 듯한 절실한 하소연이 통하지 않는다면, 현명하다고 할 수 있다. 서서히 젖어들게 하는 교묘한 참소와 피부에 와 닿는 듯한 절실한 하소연이 통하지 않는다면, 멀리까지 내다볼 수 있을 만큼 밝은 안목을 가졌다고 할 수 있다."

子貢問政. 子曰, "足食, 足兵, 民信之矣." 子貢曰, "必不得已而去, 於斯三者何先?" 曰, "去兵." 子貢曰, "必不得已而去, 於斯二者何先?" 曰, "去食. 自古皆有死, 民無信不立."

자공이 정치에 대해서 여쭙자, 공자께서 말씀하셨다. "식량을 풍족하게 하는 것, 군비를 넉넉히 하는 것, 백성들이 믿도록 하는 것이다."
자공이 말하였다. "어쩔 수 없어서 한 가지를 버려야 한다면 두 가지 가운데 어느 것을 먼저 버려야 합니까?"
"군대를 버린다."
자공이 여쭈었다. "어쩔 수 없어서 한 가지를 버려야 한다면 어느 것을 먼저 버려야 합니까?"
"식량을 버린다. 예로부터 모두에게 죽음은 있는 것이지만, 백성들의 믿음이 없으면 나라는 존립하지 못한다."

棘子成曰, "君子質而已矣, 何以文爲?" 子貢曰, "惜乎, 夫子之說君子也! 駟不及舌. 文猶質也, 質猶文也. 虎豹之鞹猶犬羊之鞹."

극자성이 말하였다. "군자는 본래의 바탕만 갖추고 있으면 되는 것이지, 겉모습이나 형식은 꾸며서 무엇하겠습니까?"

자공이 말하였다. "안타깝구려! 군자에 대해 선생이 그렇게 주장하는 것을 보니, 네 마리 말이 끄는 수레도 선생의 혀를 따르지는 못할 것입니다. 무늬도 바탕만큼 중요하고, 바탕도 무늬만큼 중요합니다. 호랑이 표범의 털 없는 가죽은 개와 양의 털 없는 가죽과 같기 때문입니다."

哀公問於有若曰, "年饑, 用不足, 如之何?" 有若對曰, "盍徹乎?" 曰, "二, 吾猶不足, 如之何其徹也?" 對曰, "百姓足, 君孰與不足? 百姓不足, 君孰與足?"

애공이 유약에게 물었다. "한 해에 기근이 들어서 재정이 부족하면 어떻게 합니까?"

유약이 대답하였다. "어찌 10분의 1의 과세법을 쓰지 않으십니까?"

"10분의 2도 나는 오히려 부족한데, 어떻게 그 10분의 1 과세법을 쓰겠습니까?"

유약이 대답하여 말하였다. "백성이 풍족하다면 임금께서 누구와 더불어 부족하겠습니까? 백성이 부족하다면 임금께서 누구와 더불어 풍족하겠습니까?"

子張問崇德辨惑. 子曰, "主忠信, 徙義, 崇德也. 愛之欲其生, 惡之欲其死. 旣欲其生, 又欲其死, 是惑也. '誠不以富, 亦祗以異.' "

자장이 덕을 숭상하고 미혹됨을 분별하는 것에 대하여 여쭙
자, 공자께서 말씀하셨다. "충성과 신의를 위주로 하고 도의
를 실천하며 살아가는 것이 덕을 숭상하는 것이다. 좋아하면
그가 살기를 바라고 미워하면 그가 죽기를 바라는데, 이는 이
미 그가 살기를 바라고서 또 그가 죽기를 바라는 것이니, 이
것이 미혹된 것이다. '진실로 삶을 풍요롭게 하지도 못하고,
또한 다만 기이하게만 될 뿐이다' 라는 말도 있네.

  齊景公問政於孔子. 孔子對曰, "君君, 臣臣, 父父, 子子." 公
曰, "善哉! 信如君不君, 臣不臣, 父不父, 子不子, 雖有粟, 吾得
而食諸?"

제나라 경공이 공자에게 정치에 대하여 묻자, 공자께서 말씀
하셨다. "임금은 임금답고 신하는 신하다우며, 아버지는 아
버지답고 아들은 아들다워야 합니다."
경공이 말하였다. "훌륭하십니다! 진실로 만일 임금이 임금
답지 못하고 신하가 신하답지 못하여 아버지가 아버지답지
못하고 아들이 아들답지 못하다면, 비록 곡식이 있은들 제가
그것을 얻어먹을 수 있겠습니까?"

  子曰, "片言可以折獄者, 其由也與?" 子路無宿諾.

공자께서 말씀하셨다. "한 마디 말로 소송을 판결할 수 있는 사람은 바로 유(자로)로다! 자로는 승낙한 것을 묵혀 두는 일이 없다."

子曰, "聽訟, 吾猶人也. 必也使無訟乎!"

공자께서 말씀하셨다. "송사를 듣고 판결하는 것은 나도 남들과 다를 게 없겠지만, 반드시 해야 할 것은 송사가 없게 하는 것이다."

子張問政. 子曰, "居之無倦, 行之以忠.."

자장이 정치에 대해서 여쭙자, 공자께서 말씀하셨다. "위정자의 지위에 있을 때는 게을리 하지 말고, 정사를 처리할 때는 진실된 마음으로 해야 한다."

子曰, "博學於文, 約之以禮, 亦可以弗畔矣夫!"

공자께서 말씀하셨다. "학문을 널리 배우고 예로써 단속을 하면, 또한 도리에 어긋나지 않을 것이로다!"

子曰, "君子成人之美, 不成人之惡. 小人反是."

공자께서 말씀하셨다. "군자는 남의 좋은 점을 이룩하도록 해주고 남의 나쁜 점은 이루어 주지 않지만, 소인은 이와 반대이다."

季康子問政於孔子. 孔子對曰, "政者, 正也. 子帥以正, 孰敢不正?"

계강자가 공자에게 정치에 대하여 묻자, 공자께서 말씀하셨다. "정치란 바르게 한다[正]는 것입니다. 선생께서 바른 도리로써 이끌어 주신다면 누가 감히 바르지 않은 일을 하겠습니까?"

季康子患盜, 問於孔子. 孔子對曰, "苟子之不欲, 雖賞之不竊."

계강자가 도둑이 많은 것을 걱정하여 공자에게 조언을 구하자, 공자께서 말씀하셨다. "진실로 선생께서 욕심을 가지지 않으시면, 비록 상을 준다 하더라도 백성들은 도둑질을 하지 않을 것입니다."

季康子問政於孔子曰, "如殺無道, 以就有道, 何如?" 孔子對曰, "子爲政, 焉用殺? 子欲善而民善矣. 君子之德風, 小人之德草. 草上之風, 必偃."

계강자가 공자에게 정치에 대해서 물었다. "만일 무도한 자를 죽여서 올바른 도리로 나아가게 한다면 어떻습니까?"

공자께서 말씀하셨다. "선생께서는 정치를 하는 데 어찌 죽이는 방법을 쓰시겠습니까? 선생께서 선해지고자 하면 백성들도 선해지는 것입니다. 군자의 덕은 바람이고 소인의 덕은 풀입니다. 풀 위에 바람이 불면 풀은 반드시 눕기 마련입니다."

子張問, "士何如斯可謂之達矣?" 子曰, "何哉, 爾所謂達者?" 子張對曰, "在邦必聞, 在家必聞." 子曰, "是聞也, 非達也. 夫達也者, 質直而好義, 察言而觀色, 慮以下人. 在邦必達, 在家必達. 夫聞也者, 色取仁而行違, 居之不疑. 在邦必聞, 在家必聞."

자장이 여쭈었다. "선비는 어떻게 하면 통달했다고 할 수 있습니까?"
공자께서 말씀하셨다. "네 말하는 통달이란 것이 무었이냐?"
자장이 대답하였다. "나라 안에서도 반드시 명성이 있고 집안에서도 반드시 명성이 있는 것입니다."
공자께서 말씀하셨다. "이는 명성이 있는 것이 통달한 것이 아니다. 통달한다는 것은 본바탕이 곧고 의로움을 좋아하며, 남의 말을 잘 헤아리고 모습을 잘 살피며, 자신을 남보다 낮추어 생각하여, 나라 안에서도 반드시 통달하고 집안에서도

반드시 통달하는 것이다. 명성이 있다는 것은 겉모습은 인
(仁)을 취하면서도 행실은 인에 어긋나고, 그렇게 살면서도
의심조차 없어서, 나라 안에서도 명성이 있고 집안에서도 명
성이 있는 것이다."

樊遲從遊於舞雩之下, 曰, "敢問崇德, 脩慝, 辨惑." 子曰,
"善哉問! 先事後得, 非崇德與? 攻其惡, 無攻人之惡, 非脩慝
與? 一朝之忿, 忘其身以及其親, 非惑與?"

번지가 무우에서 공주를 따라서 노닐다가 여쭈었다. "감히
덕을 숭상하는 것과 악한 마음을 다스리는 것과 미혹됨을 가
려내는 것에 대하여 여쭙고자 합니다."
공자께서 말씀하셨다. "훌륭한 질문이로구나! 일을 먼저 하
고 이득은 뒤로 미루는 것이 덕을 숭상하는 것이 아니겠느
냐? 자신의 악함을 공격하고 남의 악함을 공격하지 않는 것
이 악한 마음을 다스리는 것이 아니겠느냐? 하루아침의 분노
로 자기 자신을 잃고 그 화가 부모님께까지 미치게 한다면
미혹됨이 아니겠느냐?"

樊遲問仁. 子曰, "愛人." 問知. 子曰, "知人." 樊遲未達.
子曰, "擧直錯諸枉, 能使枉者直." 樊遲退, 見子夏曰, "鄕也
吾見於夫子而問知, 子曰, '擧直錯諸枉, 能使枉者直', 何謂
也?" 子夏曰, "富哉言乎! 舜有天下, 選於衆, 擧皐陶, 不仁者
遠矣. 湯有天下, 選於衆, 擧伊尹, 不仁者遠矣."

번지가 인(仁)에 대하여 여쭙자, 공자께서 말씀하셨다. "사람을 사랑하는 것이다."

앎[知]에 대하여 여쭙자, 공자께서 말씀하셨다. "사람을 알아보는 것이다."

번지가 그 뜻을 제대로 이해하지 못하자, 공자께서 말씀하셨다. "바른 사람을 등용하여 그릇된 사람의 위에 두면, 그릇된 사람을 바르게 만들 수 있는 것이다."

번지가 물러 나와서 자하를 보고 말하였다. "조금 전에 제가 선생님을 뵙고 앎[知]에 대해 여쭈었더니, 선생님께서는 '바른 사람을 등용하여 그릇된 사람의 위에 두면, 그릇된 사람을 바르게 만들 수 있는 것이다'라고 하셨는데, 무슨 뜻일까요?"

자하가 말하였다. "넉넉하도다, 말씀이시여! 순임금이 천하를 다스리실 때 여러 사람들 중에서 골라서 고요를 등용하시니 인하지 않은 사람이 멀리 사라졌소. 탕임금이 천하를 다스릴 때는 여러 사람들 중에서 골라서 이윤을 등용하시니 인하지 않은 사람들이 멀리 사라졌지요."

子貢問友. 子曰, "忠告而善道之, 不可則止, 毋自辱焉."

자공이 벗에 대하여 여쭙자, 공자께서 말씀하셨다. "진실된 마음으로 조언을 해주고 잘 인도하되, 그래도 할 수 없다면 그만둘 일이지, 스스로 욕을 보지는 말아라."

曾子曰, "君子以文會友, 以友輔仁."

증자가 말하였다. "군자는 학문으로 벗을 모으고, 벗을 통해서 인(仁)의 덕을 수양한다.

13. 子路

子路問政. 子曰, "先之勞之." 請益. 曰, "無倦."

자고가 정치에 대하여 여쭙자, 공자께서 말씀하셨다. "먼저 앞장서서 솔선수범하고 몸소 열심히 일하거라." 좀 더 설명해 주기를 청하자 말씀하셨다. "게을리 함이 없어야 한다."

仲弓爲季氏宰, 問政. 子曰, "先有司, 赦小過, 擧賢才." 曰, "焉知賢才而擧之?" 曰, "擧爾所知. 爾所不知, 人其舍諸?"

중궁이 계씨의 가재(家宰)가 되어 정치에 대해서 여쭙자, 공자께서 말씀하셨다. "먼저 실무자들에게 일을 분담시키고, 작은 잘못은 용서해 주며, 현명한 인재를 등용하거라."
"어떻게 현명한 인재를 알아서 등용합니까?"
"네가 아는 사람을 등용하거라. 네가 알지 못하는 사람이야, 다른 사람들이 그를 내버려 두겠느냐?"

子路曰, "衛君待子而爲政, 子將奚先?" 子曰, "必也正名乎!" 子路曰, "有是哉, 子之迂也! 奚其正?" 子曰, "野哉,

由也! 君子於其所不知, 蓋闕如也. 名不正, 則言不順, 言不順,
則事不成, 事不成, 則禮樂不興, 禮樂不興, 則刑罰不中, 刑罰不
中, 則民無所錯手足. 故君子名之必可言也, 言之必可行也. 君子
於其言, 無所苟而已矣."

자로가 여쭈었다. "위나라 임금이 선생님을 모시고 정치를
한다면, 선생님께서는 장차 무엇을 먼저 하시겠습니까?"
공자께서 말씀하셨다. "반드시 명분을 바로잡겠다.
자로가 말하였다. "그런 것도 있습니까? 세상물정 모르시는
선생님이시여! 어째서 그것을 바로잡겠다고 하십니까?"
공자께서 말씀하셨다. "어리숙하구나, 유(자로)야! 군자는 자
기가 알지 못하는 것에 대해서는 대체로 가만히 내버려두는
것이다. 명분이 바르지 못하면 말이 사리에 맞지 않고, 말이
사리에 맞지 않으면 일이 이루어지지 않고, 일이 이루어지지
않으면 예와 음악이 흥성하지 못하고, 예와 음악이 흥성성하
지 모사면 형벌이 적절하지 않고, 형벌이 적절하지 않으면 백
성들은 살아갈 방도가 없다. 그러므로 군자는 명분을 세우면
반드시 그에 대해 말을 할 수 있고, 말을 하면 반드시 실천을
할 수 있다. 군자는 그 말에 대해서 구차히 하는 일이 없어야
하는 것이다."

樊遲請學稼. 子曰, "吾不如老農." 請學爲圃. 曰, "吾不如老
圃." 樊遲出. 子曰, "小人哉, 樊須也! 上好禮, 則民莫敢不敬,
上好義, 則民莫敢不服, 上好信, 則民莫敢不用情. 夫如是, 則四

方之民襁負其子而至矣, 焉用稼?"

번지가 곡식 농사짓는 법을 가르쳐 달라고 하자, 공자께서 말씀하셨다. "나는 늙은 농부만 못하다." 채소 기르는 법을 가르쳐 달라고 하자, "나는 늙은 채소 농사꾼만 못하다"라고 하셨다.
번지가 나가자 공자께서 말씀하셨다. "소인이로구나, 번수(번지)여! 윗사람이 예(禮)를 좋아하면 백성들은 감히 공경하지 않을 수 없고, 윗사람이 도의[義]를 좋아하면 백성들은 감히 복종하지 않을 수 없으며, 윗사람이 신의[義]를 좋아하면 백성들이 감히 진실되게 행동하지 않을 수 없다. 이렇게 하면 사방의 백성들이 자기 아이들을 포대기에 싸서 업고 모여 올 것인데, 곡식기르는 법은 어디에 쓰겠느냐?"

　子曰, "誦詩三百, 授之以政, 不達, 使於四方, 不能專對, 雖多, 亦奚以爲?"

공자께서 말씀하셨다. "『시경』의 시 삼백 편을 외운다 해도, 정치를 맡기면 잘 해내지 못하고, 사방에 사신으로 가서도 독자적으로 대응을 할 수 없다면, 비록 시를 많이 외운다고 하더라도 또한 그것이 무슨 소용이 있겠는가?"

　子曰, "其身正, 不令而行, 其身不正, 雖令不從."

공자께서 말씀하셨다. "자시 자신이 올바르면 백성들은 명령을 내리지 않아도 자발적으로 행하고, 자기 자신이 올바르지 않으면 백성들은 명령을 내려도 따르지 않는다."

子曰, "魯衛之政, 兄弟也."

공자께서 말씀하셨다. "노나라와 위나라의 정치는 형제간과 같이 상황이 비슷하다."

子謂衛公子荊, "善居室. 始有, 曰, '苟合矣.' 少有, 曰, '苟完矣.' 富有, 曰, '苟美矣.'"

공자께서 위나라 공자 형에 대하여 말씀하셨다. "그는 집안을 잘 다스렸다. 처음 재산이 모이기 시작하자 '그런대로 필요한 만큼 모였다'고 하였고, 다소간 재산을 가지게 디자 '그런대로 다 갖추었다'고 하였고, 부유하게 되자 '그런대로 화려하다'고 하였다.

子適衛, 冉有僕. 子曰, "庶矣哉!" 冉有曰, "旣庶矣, 又何加焉?" 曰, "富之." 曰, "旣富矣, 又何加焉?" 曰, "敎之."

공자께서 위나라로 가실 때 염유가 수레를 몰고 있었다. 공자께서 말씀하셨다. "백성들이 많구나!" 염유가 여쭈었다. "백성이 많은 다음에는 거기에 무엇을 더해 줘야 합니까?"

"부유하게 해 주어야 한다."
"부유하게 된 다음에는 또 무엇을 더 해주어야 합니까?"
"그들을 가르쳐야 한다."

子曰, "苟有用我者, 期月而已可也, 三年有成."

공자께서 말씀하셨다. "진실로 나를 써 주는 사람이 있다면, 일 년만에라도 어느 정도 기강을 잡을 것이고, 삼 년이면 뭔가를 이루어 낼 것이다."

子曰, "'善人爲邦百年, 亦可以勝殘去殺矣.' 誠哉是言也!"

공자께서 말씀하셨다. "선한 사람이 백 년 동안 나라를 다스린다면, 잔악한 사람들을 교화시키고 사형할 일이 없게 된다. 진실이로다. 이 말은!"

子曰, "如有王者, 必世而後仁."

공자께서 말씀하셨다. "만일 왕도정치를 행하는 사람이 있다 하더라도 반드시 한 세대 뒤에야 풍속이 인(仁)해질 것이다."

子曰, "苟正其身矣, 於從政乎何有? 不能正其身, 如正人何?"

공자께서 말씀하셨다. "진실로 그 자신을 바르게 한다면 정치를 하는 데 무슨 문제가 있겠는가? 그 자신을 바르게 하지 못한다면 어떻게 남을 바르게 하겠는가?"

冉子退朝. 子曰, "何晏也?" 對曰, "有政." 子曰, "其事也. 如有政, 雖不吾以, 吾其與聞之."

염자가 계씨의 집에서 돌아오자, 공자께서 말씀하셨다. "어째서 늦었느냐?"
"정사(政事)가 있었습니다."
공자께서 말씀하셨다. "그 집안의 일이겠지. 만약 정사가 있었다면, 비록 내가 관직에 임용되지는 않았어도, 그 일에 관하여 들었을 것이다."

定公問, "一言而可以興邦, 有諸?" 孔子對曰, "言不可以若是其幾也. 人之言曰, '爲君難, 爲臣不易.' 如知爲君之難也, 不幾乎一言而興邦乎?" 曰, "一言而喪邦, 有諸?" 孔子對曰, "言不可以若是其幾也. 人之言曰, '予無樂乎爲君, 唯其言而莫予違也.' 如其善而莫之違也, 不亦善乎? 如不善而莫之違也, 不幾乎一言而喪邦乎?"

정공이 여쭈었다. "한마디로 나라를 흥하게 할 수 있는 그런 말이 있습니까?"

공자께서 말씀하셨다. "말이란 그와 같이 결과를 기약할 수는 없는 것입니다. 그러나 사람들의 말에 '임금노릇 하기도 어렵고 신하노릇 하기도 쉽지 않다'고 합니다. 만일 임금노릇 하기가 어렵다는 것을 안다면, 한 마디 말로 나라를 흥하게 하기를 기약할 수 있지 않겠습니까?"

"한마디로 나라를 잃을 수 있는 그런 말이 있습니까?"

공자께서 말씀하셨다. "말이란 그와 같이 결과를 기약할 수는 없는 것입니다. 그러나 사람들의 말에 '나는 임금노릇하는 데 즐거움이 없고, 다만 내가 말을 하면 내 뜻을 어기지는 않는다'고 합니다. 만일 그 말이 선하여 그것을 어기지 않는다면 또한 선하게 되지 않습니까? 만일 그 말이 선하지 않은데 그것을 어기지 않는다면, 한마디 말로 나라를 잃게 되기를 기약할 수 있지 않겠습니까?"

葉公問政. 子曰, "近者說, 遠者來."

섭공이 정치에 대해서 여쭙자, 공자께서 말씀하셨다. "가까이 있는 사람들은 기뻐하고, 먼 데 있는 사람들은 찾아오도록 하는 것입니다."

子夏爲莒父宰, 問政. 子曰, "無欲速, 無見小利. 欲速, 則不達, 見小利, 則大事不成."

자하가 거보의 읍재(邑宰)가 되어 정치에 대해서 여쭙자, 공자께서 말씀하셨다. "빨리 성과를 보려 하지 말고, 작은 이익을 추구하지 말아라. 빨리 성과를 보려 하면 제대로 성과를 달성하지 못하고, 작은 이익을 추구하면 큰일이 이루어지지 않는다."

葉公語孔子曰, "吾黨有直躬者, 其父攘羊, 而子證之." 孔子曰, "吾黨之直者異於是, 父爲子隱, 子爲父隱. 直在其中矣."

섭공이 공자에게 말하였다. "우리 마을에는 몸가짐이 정직한 사람이 있는데, 그의 아버지가 양을 훔치자 아들이 그 일을 증언했습니다."
공자께서 말씀하셨다. "우리 마을의 정직한 사람은 그와 다릅니다. 아버지는 아들을 위해서 숨겨주고 아들은 아버지를 위해서 숨겨주지만, 정직함은 바로 그러는 가운데 있습니다."

樊遲問仁. 子曰, "居處恭, 執事敬, 與人忠. 雖之夷狄, 不可棄也."

번지가 인(仁)에 대해 여쭙자, 공자께서 말씀하셨다. "평소에 지낼 때는 공손하고, 일을 할 때는 경건하며, 남과 어울릴 때는 진심으로 대해야 하는 것이니, 비록 오랑캐의 땅에 가더라도 이를 버려서는 안 된다."

子貢問曰, "何如斯可謂之士矣?" 子曰, "行己有恥, 使於四方, 不辱君命, 可謂士矣." 曰, "敢問其次." 曰, "宗族稱孝焉, 鄉黨稱弟焉." 曰, "敢問其次." 曰, "言必信, 行必果, 硜硜然小人哉! 抑亦可以爲次矣." 曰, "今之從政者何如?" 子曰, "噫! 斗筲之人, 何足算也?"

자공이 여쭈었다. "어떤 사람은 선비라고 할 수 있습니까?"
공자께서 말씀하셨다. "자신의 행동에 부끄러워할 줄 알고, 사방에 사신으로 가서도 임금의 명을 욕되게 하지 않는다면, 선비라고 할 수 있다."
"감히 그 다음 수준을 여쭙겠습니다."
"일가 친척들이 효성스럽다고 칭찬하고, 마을 사람들이 공손하다고 칭찬하는 사람이다."
"감히 그 다음 수준을 여쭙겠습니다."
"말에는 반드시 신의가 있고 행동에는 반드시 성과가 있다면, 융통성 없는 소인이긴 할지라도, 그래도 그 다음 수준이라고 할 수 있다."
"요즘 정치하는 사람들은 어떻습니까?" 공자께서 말씀하셨다. "아아, 그릇이 작은 사람들이야, 따져 볼 가치가 있겠느냐?"

子曰, "不得中行而與之, 必也狂狷乎! 狂者進取, 狷者有所不爲也."

공자께서 말씀하셨다. "중도(中道)를 실천하는 사람과 함께 할 수 없다면, 반드시 꿈이 큰 사람이나 고집스런 사람과 함께 하리라! 꿈이 큰 사람은 진취적이고, 고집스런 사람은 하지 않는 바가 있기 때문이다."

子曰, "南人有言曰, '人而無恆, 不可以作巫醫.' 善夫!" "不恆其德, 或承之羞." 子曰, "不占而已矣."

공자께서 말씀하셨다. "남쪽 나라 사람들의 말에 '사람이 일정함이 없으면, 무당이나 의사처럼 천한 노릇도 할 수가 없다'고 하였는데, 좋은 말이로다! '그 덕이 일정하지 않으면 수치스런 일을 당할 것이다' 라는 말도 있다."
공자께서 말씀하셨다. "그것은 점을 치지 않아도 알 수 있다."

子曰, "君子和而不同, 小人同而不和."

공자께서 말씀하셨다. "군자는 사람들과 화합하지만 부화뇌동하지는 않고, 소인은 부화뇌동하지만 사람들과 화합하지는 못한다."

子貢問曰, "鄕人皆好之, 何如?" 子曰, "未可也." "鄕人皆惡之, 何如?" 子曰, "未可也, 不如鄕人之善者好之, 其不善者

131

惡之."

자공이 여쭈었다. "마을 사람들이 모두 그를 좋아한다면 어떻습니까?"
공자께서 말씀하셨다. "그 정도로는 아직 안 된다."
"마을 사람들이 모두 그를 미워한다면 어떻습니까?"
공자께서 말씀하셨다. "그 정도로는 아직 안 된다. 마을의 선한 사람들이 그를 좋아하고, 그 마을의 선하지 않은 사람들은 그를 미워하는 것만은 못할 것이다."

子曰, "君子易事而難說也. 說之不以道, 不說也, 及其使人也, 器之. 小人難事而易說也. 說之雖不以道, 說也, 及其使人也, 求備焉."

공자께서 말씀하셨다. "군자는 섬기기는 쉬워도 기쁘게 하기는 어렵다. 그를 기쁘게 하려 할 때 올바른 도리로써 하지 않으면 기뻐하지 않는다. 그러나 군자가 사람을 부릴 때는 그 사람의 역량에 따라 일을 맡긴다. 소인은 섬기기는 어려워도 기쁘게 하기는 쉽다. 그를 기쁘게 하려 할 때는 올바른 도리로써 하지 않더라도 기뻐한다. 그러나 소인이 사람을 부릴 경우에는 능력을 다 갖추고 있기를 요구한다."

子曰, "君子泰而不驕, 小人驕而不泰."

공자께서 말씀하셨다. "군자는 느긋하되 교만하지 않고, 소인은 교만하되 느긋하지 않다."

子曰, "剛 毅 木 訥近仁."

공자께서 말씀하셨다. "강직함과 의연함과 질박함과 어눌함은 모두 인(仁)에 가깝다."

子路問曰, "何如斯可謂之士矣?" 子曰, "切切偲偲, 怡怡如也, 可謂士矣. 朋友切切偲偲, 兄弟怡怡."

자로가 여쭈었다. "어떻게 하면 선비라고 말할 수 있습니까?"
공자께서 말씀하셨다. "서로 진심으로 격려하며 노력하고, 잘 화합하며 즐겁게 지내면, 선비라고 할 수 있다. 벗 사이에서는 서로 진심으로 격려하며 노력하고, 형제들간에는 잘 화합하며 즐겁게 지내는 것이다."

子曰, "善人教民七年, 亦可以卽戎矣."

공자께서 말씀하셨다. "선한 사람이 백성들을 7년 동안 가르친다면, 전쟁에 나아가게 할 수 있다."

子曰, "以不敎民戰, 是謂棄之."

공자께서 말씀하셨다. "배성들을 가르치지 않고서 전쟁을 하게 하는 것은 바로 그들을 버리는 것이다."

14. 憲問

憲問恥. 子曰, "邦有道, 穀, 邦無道, 穀, 恥也."

원헌이 수치에 대해서 여쭙자, 공자께서 말씀하셨다. "나라
에 도(道)가 행해지고 있을 때도 자리만 차지하고 앉아서 녹
봉이나 받아먹고, 나라에 도가 행해지지 않을 때도 관직에서
물러나지 않고 녹봉을 받아먹는 것은 수치스러운 일이다."

"克伐怨欲不行焉, 可以爲仁矣?" 子曰, "可以爲難矣, 仁則
吾不知也."

"남을 이기려고 하고, 자기를 과시하고 남을 원망하고, 욕심
내는 일을 하지 않으면 인(仁)하다고 할 수 있습니까?"
공자께서 말씀하셨다. "하기 어려운 일이라고는 할 수 있지
만 인한 것인지는 나도 모르겠다."

子曰, "士而懷居, 不足以爲士矣."

135

공자께서 말씀하셨다. "선비로서 안락하게 살려는 생각을 품고 있다면, 선비가 되기에 부족하다."

子曰, "邦有道, 危言危行, 邦無道, 危行言孫."

공자께서 말씀하셨다. "나라에 도(道)가 행해지고 있으면 지조 높은 말을 하고 지조 높게 행동을 하지만, 나라에 도가 행해지지 않으면 행동은 지조 높게 하되 말은 공손하게 해야 한다."

子曰, "有德者必有言, 有言者不必有德. 仁者必有勇, 勇者不必有仁."

공자께서 말씀하셨다. "덕(德)이 있는 사람은 바른 말을 하지만, 바른 말을 하는 사람이라고 반드시 덕이 있는 것은 아니다. 인(仁)한 사람은 반드시 용기를 가지고 있지만, 용감한 사람이라고 해서 반드시 인한 것은 아니다."

南宮适問於孔子曰, "羿善射, 奡盪舟, 俱不得其死然. 禹稷躬稼而有天下." 夫子不答. 南宮适出, 子曰, "君子哉若人! 尙德哉若人!"

남궁괄이 공자에게 여쭈었다. "예는 활을 잘 쏘았고 오는 배를 끌고 다닐 만큼 힘이 셌지만, 모두 제 명에 죽지 못했습니다. 그러나 우임금과 직은 몸소 농사를 지었는데도 천하를 차지 하였습니다."

공자께서 대답하지 않으셨다. 남궁괄이 밖으로 나가자, 공자께서 말씀하셨다. "군자로구나, 그 사람은! 덕을 숭상하는구나, 그 사람은!"

子曰, "君子而不仁者有矣夫, 未有小人而仁者也."

공자께서 말씀하셨다. "군자로서 인(仁)하지 못한 사람은 있어도, 소인으로서 인한 사람은 없다."

子曰, "愛之, 能勿勞乎? 忠焉, 能勿誨乎?"

공자께서 말씀하셨다. "그를 사랑하면서, 수로롭게 하지 않을 수 있겠는가? 그를 진심으로 대하면서, 깨우쳐 주지 않을 수 있겠는가?"

子曰, "爲命, 裨諶草創之, 世叔討論之, 行人子羽脩飾之, 東里子産潤色之."

공자께서 말씀하셨다. "정나라에서 사신이 지니고 갈 외교문서를 만들 때는 비심이 초안을 작성하고, 세숙이 검토하며 논의하고 행인이 지우가 문장을 다듬고, 동리의 자산이 매끄럽게 손질하였다."

或問子産. 子曰, "惠人也." 問子西. 曰, "彼哉! 彼哉!" 問
管仲. 曰, "人也. 奪伯氏騈邑三百, 飯疏食, 沒齒無怨言."

어떤 사람이 자산에 대하여 여쭙자, 공자께서 말씀하셨다.
"은혜로운 사람이다." 자서에 대해서 여쭙자, "그 사람이
야, 그 사람이지"라고 말씀하였다. 관중에 대해서 여쭙자, 공
자께서 말씀하셨다. "인물이다. 그 사람은 백씨의 변읍 삼백
호를 빼앗았는데, 백씨는 평생토록 거친 밥을 먹고 지내면서
도, 원망하는 말을 하지 않았다."

子曰, "貧而無怨難, 富而無驕易."

공자께서 말씀하셨다. "가난하면서 원망하지 않기는 어렵지
만, 부자이면서 교만하지 않기는 쉽다."

子曰, "孟公綽爲趙魏老則優, 不可以爲滕薛大夫."

공자께서 말씀하셨다. "맹공작은 조씨나 위씨 집안의 가노가
되기에는 충분하지만, 등나라나 설나라의 대부는 될 수가 없
다."

子路問成人. 子曰, "若臧武仲之知, 公綽之不欲, 卞莊子之勇,
冉求之藝, 文之以禮樂, 亦可以爲成人矣." 曰, "今之成人者何

必然? 見利思義, 見危授命, 久要不忘平生之言, 亦可以爲成人
矣."

자로가 완성된 인간에 대해서 여쭙자, 공자께서 말씀하셨다.
"장무중의 지혜와 맹공작의 욕심 없음과 변장자의 용기와
염구의 재주를 가지고, 예절과 음악을 보태어 다듬는다면 완
성된 인간이 될 수 있다." 그리고는 다시 말씀하셨다. "오늘
날의 완성된 인간이야 어찌 반드시 그러하겠느냐? 이익될 일
을 보면 의로운가를 생각하고, 나라가 위태로운 것을 보면 목
숨을 바치며, 오래된 약속일지라도 평소에 한 그 말들을 잊지
않는다면, 또한 완성된 인간이 될 수 있다."

　子問公叔文子於公明賈曰, "信乎, 夫子不言, 不笑, 不取乎?"
公明賈對曰, "以告者過也. 夫子時然後言, 人不厭其言, 樂然後
笑, 人不厭其笑, 義然後取, 人不厭其取." 子曰, "其然? 豈其
然乎?"

공자께서 공명가에게 공숙문자에 대해서 물으셨다. "정말입
니까? 그 분은 말하지도 않고 웃지도 않으며 재물을 취하지
도 않습니까?"
공명가가 대답하였다. "선생님께 말씀드린 사람이 지나쳤습
니다. 그 분은 말할 때가 된 후에 말하기 때문에 남들이 그의
말을 싫어하지 않고, 즐거운 연후에 웃기 때문에 남들이 그의
웃음을 싫어하지 않으며, 의로운 것임을 안 후에 취하므로 남

들이 그의 취함을 싫어하지 않는 것입니다."

공자께서 말씀하셨다. "그렇습니까? 어찌 그럴 수 있습니까?"

子曰, "臧武仲以防求爲後於魯, 雖曰不要君, 吾不信也."

공자께서 말씀하셨다. "장무중은 방 고을을 근거로 삼고서 노나라에 후계자를 세워 주기를 요구했으니, 비록 임금에게 강요하지는 않았다고 말하더라도 나는 그 말을 믿지 않는다."

子曰, "晉文公譎而不正, 齊桓公正而不譎."

공자께서 말씀하셨다. "진나라 문공은 술수를 쓰고 바른 도리를 지키지 않았지만, 제나라 환공은 바른 도리를 지키고 술수를 쓰지 않았다."

子路曰, "桓公殺公子糾, 召忽死之, 管仲不死." 曰, "未仁乎?" 子曰, "桓公九合諸侯, 不以兵車, 管仲之力也. 如其仁, 如其仁."

자로가 여쭈었다. "제나라 환공이 공자 규를 죽이자, 소홀은 그를 위해 죽었는데 관중은 죽지 않았으니, 인(仁)하지 않다고 해야 되겠지요?"

공자께서 말씀하셨다. "환공이 제후들을 규합하면서도 군사력으로 하지 않은 것은 관중의 힘이었다. 그만큼만 인하면 되리라! 그만큼만 인하면 되리라!"

子貢曰, "管仲非仁者與? 桓公殺公子糾, 不能死, 又相之." 子曰, "管仲相桓公, 霸諸侯, 一匡天下, 民到于今受其賜. 微管仲, 吾其被髮左衽矣. 豈若匹夫匹婦之爲諒也, 自經於溝瀆而莫之知也?"

자공이 말하였다. "관중은 인(仁)한 사람이 아닙니다. 환공이 공자 규를 죽였는데, 따라 죽지도 못하고 오히려 그를 도와주었습니다."

공자께서 말씀하셨다. "관중이 환공을 도와 제후의 패권을 잡게 하여 천하를 바로잡았고, 백성들이 지금에 이르도록 그 은혜를 받고 있다. 관중이 없었더라면 우리는 머리를 풀어헤치고 옷깃을 왼쪽으로 여미는 오랑캐가 되었을 것이다. 어찌 보통 사람들이 사소한 신의를 지키기 위해, 스스로 도랑에서 목매어 죽은 뒤, 아무도 알아주는 사람이 없게 되는 것과 같겠는가?"

公叔文子之臣大夫僎與文子同升諸公. 子聞之, 曰, "可以爲文矣."

공숙문자의 가신(家臣)인 대부 선(僎)이 공숙문자와 함께 조정의 신하가 되었다. 공자께서 이를 들으시고 말씀하셨다. "시호를 '문'(文)이라고 할 만하다."

子言衛靈公之無道也, 康子曰, "夫如是, 奚而不喪?" 孔子曰, "仲叔圉治賓客, 祝鮀治宗廟, 王孫賈治軍旅. 夫如是, 奚其喪?"

공자께서 위나라 영공의 무도(無道)함을 말씀하시자, 계강자가 말하였다. "그런데도 어째서 망하지 않습니까?"
공자께서 말씀하셨다. "중숙어가 나라의 손님 대접을 담당하고, 축타는 종묘의 제사를 담당하고, 왕손가는 군대를 맡고 있다. 이러한데 어찌 그가 망하겠습니까?"

子曰, "其言之不怍, 則爲之也難."

공자께서 말씀하셨다. "자신의 말에 대해 부끄러움을 가지지 않는다면, 그것을 실천하기 어렵다."

陳成子弒簡公. 孔子沐浴而朝, 告於哀公曰, "陳恆弒其君, 請討之." 公曰, "告夫三子!" 孔子曰, "以吾從大夫之後, 不敢不告也. 君曰告夫三子者!" 之三子告, 不可. 孔子曰, "以吾從大夫之後, 不敢不告也."

진성자가 제나라의 간공을 시해하자, 공자께서 목욕재계하고 입조(入朝)하시어, 노나라 애공에게 아뢰었다. "진항이 그의 임금을 시해하였으니 그를 토벌하십시오."

애공이 말하였다. "세 대부들에게 말하시오."

공자께서 말씀하셨다. "나는 대부의 뒷자리라도 쫓아다니는 처지이기에 감히 아뢰지 않을 수 없었는데, 임금께서는 세 대부들에게 말하라고 하시는군요." 공자께서는 세 대부들에게 가서 말씀하셨으나, 모두 안 된다고 하였다. 공자께서 말씀하셨다. "나는 대부의 뒷자리라도 쫓아다니는 처지이기에 감히 아뢰지 않을 수 없었습니다."

子路問事君. 子曰, "勿欺也, 而犯之."

자로가 임금 섬기는데 대해서 여쭙자, 공자께서 말씀하셨다. "속이지 말고, 임금의 앞에서 바른 말을 하라."

子曰, "君子上達, 小人下達."

공자께서 말씀하셨다. "군자는 고상한 데로 나아가고, 소인은 세속적인 데로 나아간다."

子曰, "古之學者爲己, 今之學者爲人."

공자께서 말씀하셨다. "옛날에 공부하는 사람들은 자신의 수

양을 위해서 했는데, 요즘 공부하는 사람들은 남에게 인정받기 위해서 한다.”

蘧伯玉使人於孔子. 孔子與之坐而問焉, 曰, “夫子何爲?” 對曰, “夫子欲寡其過而未能也.” 使者出. 子曰, “使乎! 使乎!”

거백옥이 공자에게 사람을 보내자, 공자가 그와 더불어 앉아서 물으셨다. “선생님께서는 어떻게 지내시오?”
사자(使者)가 대답하였다. “선생님께서는 자신의 단점을 줄이려고 하시지만 아직 잘 안 되는 모양입니다.”
사자가 나가자, 공자께서 말씀하셨다. “사자답구나! 사자답구나!”

子曰, “不在其位, 不謀其政.”

공자께서 말씀하셨다. “그 직위에 있지 않다면 그 직위에서 담당해야 할 일을 꾀하지 말아야 한다.”

曾子曰, “君子思不出其位.”

증자가 말하였다. “군자는 생각하는 것이 자기의 위치를 벗어나지 않는다.”

子曰, “君子恥其言而過其行.”

공자께서 말씀하셨다. "군자는 그의 말이 행동을 넘어서는 것을 부끄러워한다."

子曰, "君子道者三, 我無能焉, 仁者不憂, 知者不惑, 勇者不懼." 子貢曰, "夫子自道也."

공자께서 말씀하셨다. "군자의 도(道)가 세 가지 있는데, 나는 그것을 실천하지 못하고 있다. 인(仁)한 사람은 근심하지 않고, 지혜로운 사람은 미혹되지 않고, 용감한 사람은 두려워하지 않는다는 것이다."
자공이 말하였다. "선생님께서는 스스로에 대해 말씀하신 것이다."

子貢方人. 子曰, "賜也賢乎哉? 夫我則不暇."

자공이 사람들을 비교하자, 공자께서 말씀하셨다. "사는 똑똑한가 보구나? 나는 (내 공부도 벅차서!) 그럴 겨를이 없다."

子曰, "不患人之不己知, 患其不能也."

공자께서 말씀하셨다. "남이 나를 알아주지 않음을 걱정하지 말고 자신의 능력이 없음을 걱정하라."

145

子曰, "不逆詐, 不億不信, 抑亦先覺者, 是賢乎!"

공자께서 말씀하셨다. "남이 나를 속이지 않을까를 미리 경계하여 대비하지도 않고, 남이 나를 믿지 않을까를 미리 생각하지도 않으면서, 도리어 그것을 미리 아는 사람이 현명한 사람이다."

微生畝謂孔子曰, "丘何爲是栖栖者與? 無乃爲佞乎?" 孔子曰, "非敢爲佞也, 疾固也."

미생무가 공자에게 말하였다. "당신은 무엇 때문에 아등바등하며 돌아다니시오? 말재주를 가지고 세상에 영합하려는 것이 아니오?"
공자께서 말씀하셨다. "말재주나 부리려는 것이 아닙니다. 세상이 고루함을 근심하는 것입니다."

子曰, "驥不稱其力, 稱其德也."

공자께서 말씀하셨다. "천리마란 그 힘을 일컫는 것이 아니라, 그 덕을 일컫는 것이다."

或曰, "以德報怨, 何如?" 子曰, "何以報德? 以直報怨, 以德報德."

어떤 사람이 여쭈었다. "은덕으로 원한을 갚으면 어떻습니까?"

공자께서 말씀하셨다. "그러면 덕은 무엇으로 갚겠는가? 원한은 그릇된 것을 바로잡는 마음으로 갚고, 은덕은 은덕으로 갚는 것이다."

子曰, "莫我知也夫! 子貢曰, "何爲其莫知子也?" 子曰, "不怨天, 不尤人, 下學而上達. 知我者其天乎!"

공자께서 말씀하셨다. "나를 알아주는 사람이 없구나!"
자공이 말하였다. "어찌 선생님을 몰라주겠습니까?"
공자께서 말씀하셨다. "하늘을 원망하지 않고, 다른 사람을 탓하지 않는다. 일상적인 일들을 배워서 심오한 이치에까지 도달하였으니, 나를 알아주는 것은 저 하늘이로다."

公伯寮愬子路於季孫. 子服景伯以告, 曰, "夫子固有惑志於公伯寮, 吾力猶能肆諸市朝." 子曰, "道之將行也與, 命也, 道之將廢也與, 命也. 公伯寮其如命何!"

공백료가 계손씨에게 자로를 모함하자, 자복경백이 공자에게 그 사실을 아뢰었다. "그 분(계손씨)은 분명히 공백료에게 마음이 미혹되어 있지만, 저의 힘이면 오히려 공백료를 죽여서 시체를 시장이나 조정에 내걸 수 있습니다."

공자께서 말씀하셨다. "도(道)가 장차 행해지는 것도 하늘의
뜻[命]이고 도가 장차 폐해지는 것도 하늘의 뜻이니, 공백료
가 하늘의 뜻을 어찌하겠느냐?"

子曰, "賢者辟世, 其次辟地, 其次辟色, 其次辟言."

공자께서 말씀하셨다. "현명한 사람은 도가 행해지지 않는
세상을 피하고, 그 다음은 어지러운 지역을 피하고, 그 다음
은 무례한 사람을 피하고, 그 다음은 그릇된 말을 하는 사람
을 피한다."

子曰, "作者七人矣."

공자께서 말씀하셨다. "세상을 떠나 숨어 산 사람이 일곱 사
람 있었다."

子路宿於石門. 晨門曰, "奚自?" 子路曰, "自孔氏." 曰,
"是知其不可而爲之者與?"

자로가 석문에서 묵게 되었는데, 문지기가 물었다. "어디에
서 오셨오?"
자로가 말하였다. "공씨 문하에서 왔습니다."
"그 안 되는 줄 알면서도 그 일을 하는 사람 말인가?"

子擊磬於衛, 有荷蕢而過孔氏之門者, 曰, "有心哉, 擊磬乎!" 旣而曰, "鄙哉, 硜硜乎! 莫己知也, 斯己而已矣. 深則厲, 淺則揭." 子曰, "果哉! 末之難矣."

공자께서 위나라에서 경쇠를 두드리며 연주하고 계셨는데, 삼태기를 메고 공자의 집 문앞을 지나가던 어떤 사람이 말하였다. "마음에 미련이 남아 있구나. 경쇠를 두드리는 모습이여!"

조금 있다가 다시 말하였다. "비루하구나, 땡땡거리는 소리여! 자기를 알아주지 않으면 그만둘 뿐이로다. 물이 깊으면 아래옷을 벗고 건너고 물이 얕으면 옷을 걷어올리고 건널 일이다."
공자께서 말씀하셨다. "세상을 버리는 것은 과감하지만, 그런 일이야 어려울 게 없지."

子張曰, "書云, '高宗諒陰, 三年不言.' 何謂也?" 子曰, "何必高宗, 古之人皆然. 君薨, 百官總己以聽於冢宰三年."

자장이 말하였다. "『서경』에 이르기를 '고종께서 묘막(墓幕)에서 3년 동안을 말하지 않고 지내셨다'고 하는데 무슨 의미입니까?" 공자께서 말씀하셨다. "하필 고종뿐이겠는가? 옛 사람들은 모두 그러했다. 임금이 돌아가시면 모든 관리들은 자기의 직무를 다하며, 삼 년 동안 재상의 지휘를 따랐

다."

子曰, "上好禮, 則民易使也."

공자께서 말씀하셨다. "윗사람이 예(禮)를 좋아하면, 백성들은 부리기가 쉬워진다."

子路問君子. 子曰, "脩己以敬." 曰, "如斯而已乎?" 曰, "脩己以安人." 曰, "如斯而已乎?" 曰, "脩己以安百姓. 脩己以安百姓, 堯舜其猶病諸?"

자로가 군자에 대하여 여쭙자, 공자께서 말씀하셨다. "자기 수양을 통하여 공경스러워져야 한다."
"그렇게만 하면 됩니까?"
"자기 수양을 통하여 사람들을 편안하게 해주어야 한다."
"그렇게만 하면 됩니까?"
"자기 수양을 통하여 백성들을 편안하게 해주어야 한다. 자기 수양을 통하여 백성들을 편안하게 해주는 것은 요임금과 순임금도 오히려 어렵게 여겼던 일이다."

原壤夷俟. 子曰, "幼而不孫弟, 長而無述焉, 老而不死, 是爲賊." 以杖叩其脛.

원양이 다리를 벌리고 앉아서 기다리고 있었는데, 공자께서 이를 보시고는 "어려서는 공손하게 어른 모실 줄로 모르고, 자라서는 남이 알아줄 만한 것도 없고, 늙어서는 죽지도 않으니, 이는 사람들에게 피해만 주는 놈이다"라고 하시며, 지팡이로 그의 정강이를 내려치셨다.

關黨童子將命. 或問之曰, "益者與?" 子曰, "吾見其居於位也, 見其與先生並行也. 非求益者也, 欲速成者也."

궐당의 동자가 어른들의 심부름을 하고 있었는데, 어떤 사람이 여쭈었다. "공부를 쌓아 나가는 아이입니까?"
공자께서 말씀하셨다. "내가 보니, 저 아이는 어른 자리에 앉고, 손윗사람과 나란히 걸어다닙니다. 공부를 쌓아 나가려는 아이가 아니라 빠른 성취를 바라는 아이인 모양입니다."

15. 衛靈公

衛靈公問陳於孔子. 孔子對曰, "俎豆之事, 則嘗聞之矣, 軍旅之事, 未之學也." 明日遂行, 在陳絶糧, 從者病, 莫能興. 子路慍見曰, "君子亦有窮乎?" 子曰, "君子固窮, 小人窮斯濫矣."

위나라 영공이 공자에게 진법(陣法)에 대하여 묻자, 공자께서 대답하셨다. "제사에 관한 일은 일찍이 들어 알고 있지만, 군사에 관한 일은 배우지 못했습니다." 그리고는 이튿날 드디어 위나를 떠나셨다.
진나라에서 양식이 떨어지고, 따르던 사람들은 병이 나서 일어날 수도 없게 되었다. 그러자 자로가 성이 나서 찾아 뵙고 말하였다. "군자도 궁할 때가 있습니까?"
공자께서 말씀하셨다. "군자라야 진실로 곤궁함을 견딜 수 있다. 소인은 곤궁하면 곧 함부로 행동한다."

子曰, "賜也, 女以予爲多學而識之者與?" 對曰, "然, 非與?" 曰, "非也, 予一以貫之."

공자께서 말씀하셨다. "사야, 너는 내가 많은 것을 배워서 그것들을 기억하고 있는 사람이라고 생각하느냐?"
자공이 대답하였다. "그렇습니다. 아닙니까?"
"아니다. 나는 하나의 이치로 모든 것을 꿰뚫고 있다."

子曰, "由! 知德者鮮矣."

공자께서 말씀하셨다. "유(자로)야, 덕을 아는 사람이 드물구나."

子曰, "無爲而治者其舜也與? 夫何爲哉? 恭己正南面而已矣."

공자께서 말씀하셨다. "인위적인 작위가 없이 나라를 다스린 사람이 순임금이로다! 어떻게 하였을까? 몸가짐을 공손히 하고 바르게 임금의 자리를 지키고 계셨을 뿐이다."

子張問行. 子曰, "言忠信, 行篤敬, 雖蠻貊之邦, 行矣. 言不忠信, 行不篤敬, 雖州里, 行乎哉? 立則見其參於前也, 在輿則見其倚於衡也, 夫然後行." 子張書諸紳.

자장이 어떻게 처세하면 세상에서 뜻을 펼칠 수 있는가에 대하여 여쭙자, 공자께서 말씀하셨다. "말이 진실되고 미더우

며 행동이 독실하고 공경스러우면, 비록 오랑캐의 나라에서라
도 뜻을 펼칠 수 있다. 그러나 말이 진실되고 미덥지 않으며
행실이 독실하고 공경스럽지 않으면, 비록 자기 마을에서인들
뜻을 펼칠 수 있겠는가? 서 있을 때는 그러한 덕목이 눈앞에
늘어서 있는 듯하고, 수레에 타고 있을 때는 그것들이 멍에에
기대어 있는 듯이 눈에 보인 다음에야 세상에 통할 것이다."
자장이 예복의 띠에 이 말씀을 적어 두었다.

子曰, "直哉史魚! 邦有道, 如矢, 邦無道, 如矢. 君子哉蘧伯玉!
邦有道, 則仕, 邦無道, 則可卷而懷之."

공자께서 말씀하셨다. "곧구나, 사어여! 나라에 도(道)가 행
해질 때도 화살처럼 곧았고, 나라에 도가 행해지지 않을 때도
화살처럼 곧았다. 군자로다. 거백옥이여! 나라에 도가 해애지
면 벼슬을 하고, 나라에 도가 행해지지 않으면 능력을 거두어
감출 수 있었구나."

子曰, "可與言而不與言, 失人, 不可與言而與之言, 失言. 知者
不失人, 亦不失言."

공자께서 말씀하셨다. "더불어 말을 해야 할 때 더불어 말을
하지 않으면 사람을 잃고, 더불어 말하지 않아야 할 때 더불
어 말하면 말을 잃는다. 지혜로운 사람은 사람을 잃지도 않고
말을 잃지도 않는다."

子曰, "志士仁人, 無求生以害仁, 有殺身以成仁."

공자께서 말씀하셨다. "뜻 있는 선비와 인(仁)한 사람은 살기 위해 인을 해치지 않으며, 자신의 목숨을 바쳐서 인을 이룬다."

子貢問爲仁. 子曰, "工欲善其事, 必先利其器. 居是邦也, 事其大夫之賢者, 友其士之仁者."

자공이 인(仁)을 행하는 방법에 대하여 여쭙자, 공자께서 말씀하셨다. "기술자는 그의 일을 잘하려고 할 때 반드시 먼저 자신의 연장을 잘 손질한다. 마찬가지로 어떤 나라에 살든지, 그 나라의 대부들 중 현명한 사람을 섬기고, 그 나라의 선비들 중 인한 사람과 벗해야 한다."

顏淵問爲邦. 子曰, "行夏之時, 乘殷之輅, 服周之冕, 樂則韶舞. 放鄭聲, 遠佞人. 鄭聲淫, 佞人殆."

안연이 나라를 다스리는 데 대하여 여쭙자, 공자께서 말씀하셨다. "하나라의 역법을 쓰고, 은나라의 수레를 타며, 주나라의 예관을 쓰고, 음악은 순임금의 것을 따르며, 정나라의 음악을 몰아내고, 교묘하게 말 잘하는 사람을 멀리해야 한다. 정나라의 음악은 음란하고, 교묘하게 말 잘하는 사람은 위태

155

롭기 때문이다."

子曰, "人無遠慮, 必有近憂."

공자께서 말씀하셨다. "사람이 멀리 내다보며 깊이 생각하지 않으면, 반드시 가까운 근심이 있게 된다."

子曰, "已矣乎! 吾未見好德如好色者也."

공자께서 말씀하셨다. "다 되었구나! 나는 아직 덕(德)을 좋아하기를 아름다운 여자를 좋아하듯이 하는 사람을 보지 못하였다."

子曰, "臧文仲其竊位者與! 知柳下惠之賢而不與立也."

공자께서 말씀하셨다. "장문중은 그 직위를 도둑질한 자로다. 그는 유하예의 현명함을 알고서도 그를 추천하여 함께 조정에 서지 않았다."

子曰, "躬自厚而薄責於人, 則遠怨矣."

공자께서 말씀하셨다. "자신에 대해서는 스스로 엄중하게 책임을 추궁하고, 다른 사람에 대해서는 가볍게 책임을 추궁하면, 원망을 멀리 할 수 있다."

子曰, "不曰如之何, 如之何者, 吾末如之何也已矣."

공자께서 말씀하셨다. " '어찌하면 좋을까, 어찌하면 좋을까' 하며 고민하고 노력하지 않는 사람이라면, 나도 정말 어찌할 수가 없다."

子曰, "羣居終日, 言不及義, 好行小慧, 難矣哉!"

공자께서 말씀하셨다. "여럿이 모여 하루종일 지내면서도, 의로운 일에 대해서는 이야기하지 않고 작은 꾀나 짜내기를 좋아한다면, 곤란한 문제로다!"

子曰, "君子義以爲質, 禮以行之, 孫以出之, 信以成之. 君子哉!"

공자께서 말씀하셨다. "군자는 의로움으로 바탕을 삼고, 예의에 따라 행동하며, 공손한 몸가짐으로 드러내고, 신의로써 이루어 내는 것이다. 이것이 군자로다."

子曰, "君子病無能焉, 不病人之不己知也."

공자께서 말씀하셨다. "군자는 자신의 무능함을 근심하지, 남이 자기를 알아주지 않음을 근심하지 않는다."

子曰, "君子疾沒世而名不稱焉."

공자께서 말씀하셨다. "군자는 죽은 뒤에 이름이 일컬어지지 않을까를 근심한다."

子曰, "君子求諸己, 小人求諸人."

공자께서 말씀하셨다. "군자는 일의 원인을 자기에게서 찾고, 소인은 남에게서 원인을 찾는다."

子曰, "君子矜而不爭, 羣而不黨."

공자께서 말씀하셨다. "군자는 자긍심을 지니지만 다투지는 않고, 여럿이 어울리지만 편당을 가르지는 않는다."

子曰, "君子不以言擧人, 不以人廢言."

공자께서 말씀하셨다. "군자는 그 사람의 말만 듣고서 사람을 등용하지 않으며, 그 사람을 보고서 그의 의견까지 묵살하지는 않는다."

子貢問曰, "有一言而可以終身行之者乎?" 子曰, "其恕乎! 己所不欲, 勿施於人."

자공이 여쭈었다. "한 마디 말로 평생토록 실천할 만한 것이 있습니까?"

공자께서 말씀하셨다. "그것은 서로다! 자기가 원하지 않는 것을 남에게 하지 않는 것이다."

子曰, "吾之於人也, 誰毀誰譽? 如有所譽者, 其有所試矣. 斯民也, 三代之所以直道而行也."

공자께서 말씀하셨다. "내 사람들에 대해서 누구를 비난하고 누구를 칭찬하더냐? 만약 칭찬한 사람이 있다면, 그는 이미 시험을 해 본 것이다. 이 백성들은 하, 은, 주 삼대에 바른 도(道)로 다스려 온 사람들이기 때문에, 함부로 칭찬하거나 비난할 수가 없는 것이다."

子曰, "吾猶及史之闕文也. 有馬者借人乘之, 今亡矣夫!"

공자께서 말씀하셨다. "나는 그래도 사관이 의심스런 글을 빼놓는 것과 말을 가진 사람이 남에게 빌려주어 타게 하는 것을 보았었는데, 지금은 그런 일들이 없어졌구나!"

子曰, "巧言亂德. 小不忍, 則亂大謀."

공자께서 말씀하셨다. "교묘한 말은 덕(德)을 어지럽히고, 작은 일을 참지 못하면 큰일을 그르친다."

子曰, "衆惡之, 必察焉, 衆好之, 必察焉."

공자께서 말씀하셨다. "많은 사람들이 미워한다 해도 반드시 잘 살펴 보아야 하며, 많은 사람들이 좋아한다 해도 반드시 잘 살펴보아야 한다."

子曰, "人能弘道, 非道弘人."

공자께서 말씀하셨다. "사람이 도(道)를 넓힐 수 있는 것이지 도가 사람을 넓히는 것이 아니다."

子曰, "過而不改, 是謂過矣."

공자께서 말씀하셨다. "잘못이 있어도 고치지 않는 것, 이것이 바로 잘못이다."

子曰, "吾嘗終日不食, 終夜不寢, 以思無益, 不如學也."

공자께서 말씀하셨다. "나는 일찍이 종일토록 먹지 않고 밤새도록 자기 않고서 사색을 해 보았지만, 유익함은 없었고, 공부하는 것만 못했다.

子曰, "君子謀道不謀食. 耕也, 餒在其中矣, 學也, 祿在其中矣. 君子憂道不憂貧."

공자께서 말씀하셨다. "군자는 도(道)를 추구하지, 밥을 추구하지 않는다. 농사를 지어도 굶주림에 대한 걱정은 그 안에 있지만, 공부를 하면 녹봉이 그 안에 있다. 그러므로 군자는 도를 걱정하지, 가난을 걱정하지 않는다."

子曰, "知及之, 仁不能守之, 雖得之, 必失之. 知及之, 仁能守之. 不莊以涖之, 則民不敬. 知及之, 仁能守之, 莊以涖之, 動之不以禮, 未善也."

공자께서 말씀하셨다. "지혜가 거기 (맡은 직책)에 미치더라도 인(仁)으로 그것을 지킬 수 없으면, 비록 얻는다 하더라도 반드시 잃는다. 지혜가 거기에 미치고 인으로 그것을 지킬 수 있더라도, 엄숙한 자세로 임하지 않으면, 백성들이 공경하지 않는다. 지혜가 거기에 미치고, 인으로 그것을 지킬 수 있고, 엄숙한 자세로 임하더라도, 백성들을 동원할 때 예(禮)로써 하지 않으면, 잘 되지 않을 것이다."

子曰, "君子不可小知而可大受也, 小人不可大受而可小知也."

공자께서 말씀하셨다. "군자는 작은 일은 잘 못해도 큰일은 맡아 할 수 있고, 소인은 큰일은 감당 못해도 작은 일은 잘할 수 있다."

子曰, "民之於仁也, 甚於水火. 水火, 吾見蹈而死者矣, 未見蹈仁而死者也."

공자께서 말씀하셨다. "백성들에게 인(仁)은 물이나 불보다 훨씬 더 좋다. 물이나 불이라면, 나는 거기에 빠져 죽은 사람을 보았지만, 인에 빠져 죽었다는 사람은 아직 보지 못했다."

子曰, "當仁, 不讓於師."

공자께서 말씀하셨다. "인(仁)을 행할 상황에서는 스승에게도 양보하지 않는다."

子曰, "君子貞而不諒."

공자께서 말씀하셨다. "군자는 바른 길을 따를 뿐이지, 무조건 신념을 고집하지는 않는다."

子曰, "事君, 敬其事而後其食."

공자께서 말씀하셨다. "임금을 섬길 때는, 먼저 맡은 직분을 경건히 수행하고 그 녹봉은 나중에 생각해야 한다."

子曰, "有敎無類."

공자께서 말씀하셨다. "가르침에 있어서는 차별을 두지 않는
다."

子曰, "道不同, 不相爲謀."

공자께서 말씀하셨다. "추구하는 도(道)가 같지 않으면 함께
일을 꾀하지 않는다."

子曰, "辭達而已矣."

공자께서 말씀하셨다. "말은 그 뜻을 정확히 표현하면 그만
이다."

師冕見, 及階, 子曰, "階也." 及席, 子曰, "席也." 皆坐,
子告之曰, "某在斯, 某在斯." 師冕出. 子張問曰, "與師言之
道與?" 子曰, "然, 固相師之道也."

장님인 악사 면이 뵈러 왔을 때, 섬돌이 이르자, 공자께서는
"섬돌입니다"라고 말씀하셨고, 자리에 이르자, 공자께서는
"자리입니다"라고 말씀하셨으며, 모두 앉자, 공자께서는 그
에게 "아무개는 여기에 있고 아무개는 여기에 있습니다"라

고 일러 주셨다. 악사 면이 나가자 자장이 여쭈었다. "그렇게 하는 것이 장님 악사와 말씀하실 때의 도리입니까?"

공자께서 말씀하셨다. "그렇다. 그것이 본래 장님 악사를 도와주는 도리이다."

16. 季氏第

　季氏將伐顓臾. 　冉有季路見於孔子曰, 　"季氏將有事於顓臾."
孔子曰, "求! 無乃爾是過與? 夫顓臾, 昔者先王以爲東蒙主, 且
在邦域之中矣, 是社稷之臣也. 何以伐爲?" 　冉有曰, "夫子欲
之, 吾二臣者皆不欲也." 　孔子曰, "求! 周任有言曰, '陳力就
列, 不能者止.' 　危而不持, 顚而不扶, 則將焉用彼相矣? 且爾言
過矣, 虎兕出於柙, 龜玉毀於櫝中, 是誰之過與?" 　冉有曰, "今
夫顓臾, 固而近於費. 今不取, 後世必爲子孫憂." 　孔子曰, "求!
君子疾夫舍曰欲之而必爲之辭. 　丘也聞有國有家者, 不患寡而患
不均, 不患貧而患不安. 蓋均無貧, 和無寡, 安無傾. 夫如是, 故
遠人不服, 則脩文德以來之. 旣來之, 則安之. 今由與求也, 相夫
子, 遠人不服, 而不能來也, 邦分崩離析, 而不能守也, 而謀動干
戈於邦內. 吾恐季孫之憂, 不在顓臾, 而在蕭牆之內也."

계손씨가 전유를 정벌하려 하자, 염유와 자로가 공자를 찾아
뵙고 말씀드렸다. "계씨가 전유에 대해 일을 벌이려고 합니
다."

공자께서 말씀하셨다. "구(염유)야! 그것은 너의 잘못이 아니 겠느냐? 전유는 옛날 선왕께서 동몽주로 삼으셨고, 또한 우리 나라의 영역 안에 있다. 이는 이 나라 사직의 신하인데 어째 서 정벌한다는 것이냐?"

염유가 말하였다. "계씨가 그렇게 하려는 것이지, 저희 두 신하는 둘 다 원하지 않습니다."

공자께서 말씀하셨다. "구야, 주임이 말하기를 '능력을 다 발휘해서 벼슬자리에 나아가되, 능력이 안 되는 사람은 그만 두어야 한다'고 하였다. 위태로운데도 도와주지 않고 넘어가 는데도 붙잡아주지 않는다면, 그런 신하를 장차 어디에 쓰겠 느냐? 또한 너의 말이 잘못되었다. 호랑이나 외뿔소가 울에서 뛰쳐나오고, 점치는 거북이나 귀한 옥이 궤 속에서 깨졌다면, 이는 누구의 잘못이겠느냐?"

염유가 말하였다. "지금 전유는 성곽이 견고한데다가 계시의 관할인 비에 가깝기 때문에, 지금 빼앗지 않으면 후세에 반드 시 자손들의 근심거리가 될 것입니다."

공자께서 말씀하셨다. "구야! 군자는 자기가 원한다고 솔직 하게 말하지 않고 그것을 위하여 말을 꾸며대는 것을 미워한 다. 내가 듣건대, 국가를 다스리는 사람은 백성이나 토지가 적은 것을 걱정하지 말고 분배가 균등하지 못한 것을 걱정하 며, 가난한 것을 걱정하지 말고 평안하지 못한 것을 걱정하라 고 했다. 대개 분배가 균등하면 가난이 없고 서로가 화합을 이루면 백성이 적은 것이 문제될 리 없으며, 평안하면 나라가 기울어질 일이 없다. 그렇기 때문에 먼 곳에 있는 사람들이 복종하지 않으면 문화와 덕망을 닦아서 그들이 따라오도록 하고, 온 다음에는 그들을 평안하게 해 주는 것이다. 그런데 지금 유(자로)와 구는 계씨를 돕는다면서도, 먼 곳의 사람들이 복종하지 않는데 따라오게 하지도 못하고, 나라가 조각조각 떨어져 나가는데도 지키지 못하며, 나라 안에서 군사를 동원하려 꾀하고 있구나. 내가 걱정되는 것은, 계손씨의 근심이 전유 땅에 있는 것이 아니라, 그 집안에 있다는 것이다."

孔子曰, "天下有道, 則禮樂征伐自天子出, 天下無道, 則禮樂征伐自諸侯出. 自諸侯出, 蓋十世希不失矣, 自大夫出, 五世希不失矣, 陪臣執國命, 三世希不失矣. 天下有道, 則政不在大夫. 天下有道, 則庶人不議."

공자께서 말씀하셨다. "천하도 도(道)가 행해지면 예악과 정벌이 천자로부터 나오고, 천하에 도가 행해지지 않으면 예악과 정벌이 제후로부터 나온다. 그것이 제후로부터 나오면 대체로 십대 안에 정권을 잃지 않는 일이 드물고, 그것이 대부로부터 나오면 오대 안에 정권을 잃지 않는 일이 드물며, 그것이 가신(家臣)으로부터 나오면 삼대 안에 정권을 잃지 않는 일이 드물다. 천하에 도가 행해지면 정권이 대부에게 있지 않으며, 천하에 도가 행해지면 일반 백성들이 정치를 논하지 않는다."

孔子曰, "祿之去公室五世矣, 政逮於大夫四世矣, 故夫三桓之子孫微矣."

공자께서 말씀하셨다. "관리 임명권이 노나라의 조정을 떠난 지 5대가 되었고, 정권이 대부의 손에 들어간 지 4대가 되었다. 그러므로 삼환의 자손들도 세력이 쇠약해지는 것이다."

孔子曰, "益者三友, 損者三友. 友直, 友諒, 友多聞, 益矣. 友便辟, 友善柔, 友便佞, 損矣."

공자께서 말씀하셨다. "유익한 벗이 셋이 있고 해로운 벗이 셋이 있다. 정직한 사람을 벗하고, 신의가 있는 사람을 벗하고, 견문이 많은 사람을 벗하면 유익하다. 위선적인 사람을 벗하고, 아첨 잘하는 사람을 벗하고, 말만 잘하는 사람을 벗하면 해롭다."

孔子曰, "益者三樂, 損者三樂. 樂節禮樂, 樂道人之善, 樂多賢友, 益矣. 樂驕樂, 樂佚遊, 樂宴樂, 損矣."

공자께서 말씀하셨다. "좋아하면 유익한 것이 세 가지가 있고 좋아하면 해로운 것이 세 가지가 있다. 예악(禮樂)의 절도를 따르기를 좋아하고, 남의 좋은 점을 말하기를 좋아하고, 현명한 벗을 많이 사귀기를 좋아하면 유익하다. 교만하게 즐

기기를 좋아하고, 방탕하게 노는 데 빠지기를 좋아하고, 주색
에 싸여 음란하게 놀기를 좋아하면 해롭다."

孔子曰, "侍於君子有三愆, 言未及之而言謂之躁, 言及之而不
言謂之隱, 未見顔色而言謂之瞽."

공자께서 말씀하셨다. "군자를 모실 때 저지르기 쉬운 세 가
지 잘못이 있다. 말할 때가 되지 않았는데 말하는 것을 조급
하다고 한다. 말해야 할 때가 되었는데도 말하지 않는 것을
속마음을 숨긴다고 한다. 얼굴빛을 살펴보지도 않고 말하는
것을 눈뜬 장님이라고 한다."

孔子曰, "君子有三戒, 少之時, 血氣未定, 戒之在色, 及其壯
也, 血氣方剛, 戒之在鬪, 及其老也, 血氣旣衰, 戒之在得."

공자께서 말씀하셨다. "군자에게는 세 가지 경계해야 할 일
이 있다. 젊을 때는 혈기가 안정되지 않으므로 정욕(情慾)을
경계해야 한다. 장년이 되어서는 혈기가 막 왕성해지므로 다
툼을 경계해야 한다. 노년이 되어서는 혈기가 이미 쇠약해졌
으므로 탐욕을 경계해야 한다."

孔子曰, "君子有三畏, 畏天命, 畏大人, 畏聖人之言. 小人不知
天命而不畏也, 狎大人, 侮聖人之言."

공자께서 말씀하셨다. "군자에게는 세 가지 두려워해야 할 일이 있다. 천명(天命)을 두려워해야 하고, 위대한 성인(聖人)을 두려워해야 하며, 성인의 말씀을 두려워해야 한다. 소인은 천명을 알지 못하며 두려워하지 않고, 위대한 성인에게 함부로 대하며, 성인의 말씀을 업신여기는 것이다."

孔子曰, "生而知之者上也, 學而知之者次也, 困而學之, 又其次也, 困而不學, 民斯爲下矣."

공자께서 말씀하셨다. "태어나면서부터 아는 사람은 최상이고, 배워서 아는 사람은 그 다음이며, 곤란한 지경에 처하여 배우는 사람은 또 그 다음이고, 곤란한 지경에 처하여도 배우지 않는 사람은 백성들 중에서도 최하이다."

孔子曰, "君子有九思, 視思明, 聽思聰, 色思溫, 貌思恭, 言思忠, 事思敬, 疑思問, 忿思難, 見得思義, "

공자께서 말씀하셨다. "군자에게는 항상 생각하는 것이 아홉 가지가 있다. 볼 때에는 밝게 볼 것을 생각하고, 들을 때에는 똑똑하게 들을 것을 생각하며, 얼굴빛은 온화하게 할 것을 생각하고, 몸가짐은 공손하게 할 것을 생각하며, 말을 할 때는 진실하게 할 것을 생각하고, 일을 할 때에는 공경스럽게 할 것을 생각하며, 의심이 날 때에는 물어 볼 것을 생각하고, 성이 날 때에는 뒤에 겪을 어려움을 생각하며, 이득될 것을 보왔을 때에는 그것이 의로운 것인가를 생각한다."

孔子曰, "見善如不及, 見不善如探湯. 吾見其人矣, 吾聞其語矣. 隱居以求其志, 行義以達其道. 吾聞其語矣, 未見其人也."

공자께서 말씀하셨다. "선한 것을 보면 마치 거기에 미치지 못할 듯이 열심히 노력하고, 선하지 않은 것을 보면 마치 끓는 물에 손을 넣은 듯이 재빨리 피해야 한다는데, 나는 그런 사람을 보았고 그런 말도 들었다. 숨어 삶으로써 자신의 뜻을 추구하고, 의로움을 실천함으로써 자신의 도를 달성해야 한다는데, 나는 그런 말을 들었지만 그런 사람은 아직 보지 못했다."

齊景公有馬千駟, 死之日, 民無德而稱焉. 伯夷叔齊餓于首陽之下, 民到于今稱之. 其斯之謂與?

제나라 경공은 말을 사천 필이나 가지고 있었지만, 그가 죽는 날에는 백성들 중에 그의 덕에 대해 칭찬하는 사람이 없었다. 백이와 숙제는 수양산 아래서 굶어 죽었지만, 사람들은 지금까지도 그들을 칭송하고 있다. 그것은 바로 이것을 말하는 것인가?

陳亢問於伯魚曰, "子亦有異聞乎?" 對曰, "未也. 嘗獨立, 鯉趨而過庭. 曰, '學詩乎?' 對曰, '未也.' '不學詩, 無以言.' 鯉退而學詩. 他日, 又獨立, 鯉趨而過庭. 曰, '學禮乎?'

對曰, '未也.' '不學禮, 無以立.' 鯉退而學禮. 聞斯二者."
陳亢退而喜曰, "問一得三, 聞詩聞禮, 又聞君子之遠其子也."

진강이 백어에게 물었다. "당신은 특별한 가르침을 들은 것
이 있습니까?"
백어가 대답하였다. "없습니다. 예전에 홀로 서 계실 때 제
가 종종걸음으로 걸어서 안뜰에 지나가는데, '시를 공부했느
냐?' 하고 물으셨습니다. '아직 못했습니다' 하고 대답했더
니, '시를 공부하지 않으면 남들과 말을 잘할 수가 없다' 라
고 하셔서, 저는 물러나 시를 공부했습니다. 다른 날에 또 홀
로 서 계실 때 제가 종종걸음으로 걸어서 안뜰을 지나가는데,
'예(禮)를 공부했느냐?' 라고 물으셨습니다. '아직 못했습니
다' 하고 대답했더니, '예를 공부하지 않으면 남들 앞에 설
수가 없다' 라고 하셔서, 저는 물러나 예를 공부했습니다. 제
가 들은 것은 이 두 가지입니다."
진강이 물러 나와서 기뻐하면서 말하였다. "하나를 물어서
세 가지를 알게 되었다. 시에 대하여 듣고, 예에 관하여 들었
으며, 또 군자는 자기 자식에게 거리를 둔다는 것을 알게 되
었다."

邦君之妻, 君稱之曰夫人, 夫人自稱曰小童, 邦人稱之曰君夫人,
稱諸異邦曰寡小君, 異邦人稱之亦曰君夫人.

나라 임금의 아내를, 임금이 부를 때는 부인(夫人)이라 하고,

부인이 스스로 부를 때는 소동(小童)이라 하며, 그 나라의 사람들이 부를 때는 군부인(君夫人)이라 하고, 다른 나라 사람들에게 이야기할 때는 과소군(寡小君)이라 하며, 다른 나라 사람들이 부를 때도 또한 군부인(君夫人)이라 한다.

17. 陽貨

陽貨欲見孔子, 孔子不見, 歸孔子豚. 孔子時其亡也, 而往拜之.
遇諸塗. 謂孔子曰, "來! 予與爾言." 曰, "懷其寶而迷其邦,
可謂仁乎?" 曰, "不可." "好從事而亟失時, 可謂知乎?"
曰, "不可." "日月逝矣, 歲不我與." 孔子曰, "諾, 吾將仕
矣."

양화가 공자를 뵙고자 하였으나 공자께서 만나 주시지 않자,
공자께 삶은 돼지를 선물로 보냈다. 공자께서는 그가 없는 때
를 타서 사례하러 가시다가 길에서 그를 마주치셨다. 양화가
공자에게 말했다. "어서 오십시오. 제가 당신과 하고 싶은
이야기가 있습니다." 양화가 이어서 말했다. "귀한 재주를
품고 있으면서도 자기 나라를 어지럽게 놓아둔다면 인(仁)하
다고 할 수 있겠습니까?"
"그렇다고 할 수 없지요."
"정치에 종사하기를 좋아하면서도 자주 때를 놓친다면 지혜
롭다고 할 수 있습니까?"
"그렇다고 할 수 없지요."

"날과 달은 흘러가는 것이니, 세월은 나와 함께 있지를 않습니다."

공자께서 말씀하셨다. "알겠습니다. 나도 장차 벼슬을 할 것입니다."

子曰, "性相近也, 習相遠也." 子曰, "唯上知與下愚不移."

공자께서 말씀하셨다. "타고난 본성은 서로 비슷하지만, 습성에 따라 서로 멀어지게 된다."

子曰, "唯上知與下愚不移."

공자께서 말씀하셨다. "오직 최상급의 지혜로운 사람과 최하급의어리석은 사람만은 바뀌지 않는다."

子之武城, 聞弦歌之聲. 夫子莞爾而笑曰, "割雞焉用牛刀?" 子游對曰, "昔者偃也聞諸夫子曰, '君子學道則愛人, 小人學道則易使也.'" 子曰, "二三者! 偃之言是也. 前言戲之耳."

공자께서 무성에 가시어 현악기를 연주하며 부르는 노래를 들으셨다. 선생께서는 빙그레 미소 지으시며 말씀하셨다. "닭을 잡는 데 어찌 소 잡는 칼을 쓰느냐?"
자유가 대답하였다. "예전에 선생님께 듣기로는 '군자가 도(道)를 배우면 남을 사랑하고, 소인이 도를 배우면 부리기가 쉽다고 하셨습니다."

공자께서 말씀하셨다. "얘들아, 언(자유)의 말이 옳다. 아까한 말은 농담일 뿐이다."

公山弗擾以費畔, 召, 子欲往. 子路不說, 曰, "末之也已, 何必公山氏之之也?" 子曰, "夫召我者, 而豈徒哉? 如有用我者, 吾其爲東周乎?"

공산불요가 비 땅을 근거지로 하여 반란을 일으키고 공자를 부르자, 공자께서 가려 하셨다. 자로가 기분 나빠하며 말하였다. "가실 데가 없으시면 그만이지, 하필이면 공산씨에게로 가시려 하십니까?"
공자께서 말씀하셨다. "나를 부르는 사람이 어찌 공연히 부르겠느냐? 나를 써 주는 사람이 있다면, 나는 그곳의 동쪽의 주나라로 만들 것이다."

子張問仁於孔子. 孔子曰, "能行五者於天下爲仁矣." "請問之." 曰, "恭寬信敏惠. 恭則不侮, 寬則得衆, 信則人任焉, 敏則有功, 惠則足以使人."

자장이 공자에게 인(仁)에 대하여 여쭙자, 공자께서 말씀하셨다. "천하에서 다섯 가지를 실천할 수 있으면 그것이 인이다."

"그 내용을 여쭙고 싶습니다." "공손함·너그러움·미더움·민첩함·은혜로움이다. 공손하면 업신여김을 받지 않고, 너그러우면 많은 사람들의 미움을 얻으며, 미더우면 사람들이 신임하게 되고, 민첩하면 공이 있게 되고, 은혜로우면 사람들을 부릴 수 있게 된다."

佛肸召, 子欲往. 子路曰, "昔者由也聞諸夫子曰, '親於其身爲不善者, 君子不入也.' 佛肸以中牟畔, 子之往也, 如之何?" 子曰, "然, 有是言也. 不曰堅乎, 磨而不磷, 不曰白乎, 涅而不緇. 吾豈匏瓜也哉? 焉能繫而不食?"

필힐이 공자를 초빙하자, 공자께서 가시려 하셨다. 이에 자로가 말하였다. "예전에 제가 선생님께 듣기로는 '직접 선하지 않은 일을 하는 사람 속으로, 군자는 들어가지 않는다'고 하셨습니다. 필힐은 중모 땅을 가지고 반란을 일으켰는데, 선생님께서는 가시려 하시니 무슨 까닭입니까?"
공자께서 말씀하셨다. "그렇다. 그런 말을 한 적이 있다. 그러나 굳건하다고 하지 않겠느냐, 갈아도 얇아지지 않으면, 희다고 하지 않겠느냐, 검게 물들여도 검어지지 않으면, 내가 어찌 바가지일 수 있겠느냐? 어찌 매달려 있기만 하고 먹히지 않을 수 있겠느냐?"

子曰, "由也! 女聞六言六蔽矣乎?" 對曰, "未也." "居! 吾語女. 好仁不好學, 其蔽也愚, 好知不好學, 其蔽也蕩, 好信不好學, 其蔽也賊, 好直不好學, 其蔽也絞, 好勇不好學, 其蔽也亂, 好剛不好學, 其蔽也狂."

공자께서 말씀하셨다. "유야, 너는 여섯 가지 덕목과 그것들을 가리는 여섯 가지 폐단에 대해 들어보았느냐?"
자로가 "아직 들어보지 못했습니다." 라고 대답하였다.
"앉거라. 내가 너에게 말해 주겠다. 인(仁)을 좋아하되 배우기를 좋아하지 않으면, 그 폐단은 어리석게 되는 것이다. 지혜로움을 좋아하되 배우기를 좋아하지 않으면, 그 폐단은 분수를 모르게 되는 것이다. 신의를 좋아하되 배우기를 좋아하지 않으면, 그 폐단은 남을 해치게 되는 것이다. 곧은 것을 좋아하되 배우기를 좋아하지 않으면, 그 폐단은 박절하게 되는 것이다. 용기를 좋아하되 배우기를 좋아하지 않으면, 그 폐단은 질서를 어지럽히게 되는 것이다. 굳센 것을 좋아하되 배우기를 좋아하지 않으면, 그 폐단은 좌충우돌하게 되는 것이다."

子曰, "小子何莫學夫詩? 詩, 可以興, 可以觀, 可以羣, 可以怨. 邇之事父, 遠之事君, 多識於鳥獸草木之名."

공자께서 말씀하셨다. "애들아, 왜 시를 공부하지 않느냐? 시를 배우면 가흥을 불러일으킬 수 있고, 사물을 잘 볼 수 있으며, 사람들과 잘 어울릴 수 있고, 사리에 어긋나지 않게 원망할 수 있다. 가까이는 어버이를 섬기고, 멀리는 임금을 섬

기며, 새와 짐승과 풀과 나무의 이름에 대해서도 많이 알게
된다."

子謂伯魚曰, "女爲周南　召南矣乎? 人而不爲周南　召南, 其
猶正牆面而立也與?"

공자께서 아들 백어에게 말씀하셨다. "너는 「주남」과 「소
남」을 공부하였느냐? 사람으로서 「주남」과 「소남」을 공
부하지 않는다면, 그것은 바로 담벽을 마주하고 서 있는 것과
같은 것이로다!"

子曰, "禮云禮云, 玉帛云乎哉? 樂云樂云, 鐘鼓云乎哉?"

공자께서 말씀하셨다. "예(禮)가 어떻다, 예가 어떻다 말들
하지만, 그것이 옥이나 비단을 말하는 것이겠는가? 음악이 어
떻다, 음악이 어떻다 말들 하지만, 그것이 종이나 북을 말하
는 것이겠는가?"

子曰, "色厲而內荏, 譬諸小人, 其猶穿窬之盜也與?"

공자께서 말씀하셨다. "얼굴빛은 위엄을 갖추면서 속마음은
유약한 것은, 소인들에게 비유하자면 그것은 마치 담벽을 뚫
고 담장을 뛰어넘는 도둑과 같은 것이로다!"

子曰, "鄕愿, 德之賊也."

공자께서 말씀하셨다. "시세에 영합하면서도 겉으로만 점잖고 성실한 듯이 행동하여 순박한 마을 사람들에게서 인정을 받는 사람은 바로 미덕을 해치는 사람이다."

子曰, "道聽而塗說, 德之棄也."

공자께서 말씀하셨다. "길에서 듣고서는 그것을 그대로 길에서 말하는 것은 덕(德)을 버리는 것이다.

子曰, "鄙夫可與事君也與哉? 其未得之也, 患得之. 旣得之, 患失之. 苟患失之, 無所不至矣."

공자께서 말씀하셨다. "비루한 사람과 함께 임금을 섬길 수 있겠는가? 원하는 것을 아직 얻지 못했을 때는 얻으려고 근심하고, 이미 얻고 나서는 잃을까 근심을 한다. 진실로 잃을까 근심하게 되면 못하는 짓이 없게 된다."

子曰, "古者民有三疾, 今也或是之亡也. 古之狂也肆, 今之狂也蕩, 古之矜也廉, 今之矜也忿戾, 古之愚也直, 今之愚也詐而已矣."

공자께서 말씀하셨다. "옛날 백성들에게는 세 가지의 병폐가 있었는데 지금은 아마 그것마저도 없어진 듯하다. 옛날에 뜻이 거창했던 사람은 작은 일에 구애되지 않고 주견대로 했으나, 지금의 뜻이 거창한 사람은 주견도 없이 함부로 한다. 옛날에 자긍심이 강한 사람은 엄격하고 모가 났으나 지금의 자긍심 강한 사람은 성내고 싸움이나 한다. 옛날에 어리석은 사람은 정직했으나 지금의 어리석은 자는 속이기만 할 뿐이다."

子曰, "巧言令色, 鮮矣仁."

공자께서 말씀하셨다. "말을 교묘하게 하고 얼굴빛을 곱게 꾸미면서 인(仁)한 경우는 드물다."

子曰, "惡紫之奪朱也, 惡鄭聲之亂雅樂也, 惡利口之覆邦家者."

공자께서 말씀하셨다. "자주색이 붉은색을 침해하는 것을 미워하고, 정나라 음악이 아악을 어지럽히는 것을 미워하며, 기민한 말재주가 나라를 뒤엎는 것을 미워한다."

子曰, "予欲無言." 子貢曰, "子如不言, 則小子何述焉?" 子曰, "天何言哉? 四時行焉, 百物生焉, 天何言哉?"

공자께서 말씀하셨다. "나는 말을 하지 않으련다." 자공이 말하였다. "선생님께서 만일 말을 하지 않으시면 저희들이 어떻게 선생님의 뜻을 따르겠습니까?" 공자께서 말씀하셨다. "하늘이 무슨 말을 하더냐? 사계절이 운행하고 온갖 것들이 생겨나지만, 하늘이 무슨 말을 하더냐?"

孺悲欲見孔子, 孔子辭以疾. 將命者出戶, 取瑟而歌, 使之聞之.

유비가 공자를 뵙고자 하였으나, 공자께서는 병을 핑계로 거절하셨다. 말을 전하러 온 사람이 문을 나서자, 큰 거문고를 타면서 노래를 부르시어 사자가 그 소리를 듣도록 하셨다.

宰我問, "三年之喪, 期已久矣. 君子三年不爲禮, 禮必壞, 三年不爲樂, 樂必崩. 舊穀旣沒, 新穀旣升, 鑽燧改火, 期可已矣." 子曰, "食夫稻, 衣夫錦, 於女安乎?" 曰, "安." "女安則爲之! 夫君子之居喪, 食旨不甘, 聞樂不樂, 居處不安, 故不爲也. 今女安則爲之!" 宰我出. 子曰, "予之不仁也! 子生三年, 然後免於父母之懷. 夫三年之喪, 天下之通喪也, 予也有三年之愛於其父母乎!"

재아가 여쭈었다. "삼년상은 기간이 너무 깁니다. 군자가 삼년 동안 예(禮)를 행하지 않으면 예가 반드시 무너지고, 삼년 동안 음악을 하지 않으면 음악이 반드시 무너질 것입니다. 묵은 곡식은 다 없어지고 새 곡식이 등장하며, 불씨를 얻는 나무도 다시 처음의 나무로 돌아오니, 일 년이면 될 것입니

다."

공자께서 말씀하셨다. "쌀밥을 먹고 비단옷을 입는 것이 너에게는 편안하냐?"

"편안합니다."

"네가 편안하다면 그렇게 하여라. 대체로 군자가 상을 치를 때는, 맛있는 것을 먹어도 맛이 없고, 음악을 들어도 즐겁지 않으며, 집에 있어도 편하지 않기 때문에 그렇게 하지 않는 것이다. 지금 네가 편안하다면 그렇게 하여라."

재아가 밖으로 나가자 공자께서 말씀하셨다. "여(재아)는 인(仁)하지 못하구나! 자식은 태어나서 삼 년이 지나 연후에야 부모의 품에서 벗어난다. 대체로 삼년상은 천하에 공통된 상례(喪禮)이다. 여도 그 부모에게서 삼 년간의 사랑을 받았겠지?"

子曰, "飽食終日, 無所用心, 難矣哉! 不有博奕者乎? 爲之猶賢乎已."

공자께서 말씀하셨다. "배부르게 먹고 하루종일 마음 쓰는데가 없다면 곤란하도다! 장기나 바둑이라도 있지 않은가? 그런 것이라도 하는 것이 그래도 하지 않는 것보다는 낫다."

子路曰, "君子尙勇乎?" 子曰, "君子義以爲上, 君子有勇而無義爲亂, 小人有勇而無義爲盜."

자로가 여쭈었다. "군자는 용기를 숭상합니까?"
공자께서 말씀하셨다. "군자는 의로움을 최상으로 여긴다. 군자가 용기만 있고 의로움이 없으면 난을 일으키고, 소인이 용기만 있고 의로움이 없으면 도적질을 하게 된다."

子貢曰, "君子亦有惡乎?" 子曰, "有惡, 惡稱人之惡者, 惡居下流而訕上者, 惡勇而無禮者, 惡果敢而窒者." 曰, "賜也亦有惡乎?" "惡徼以爲知者, 惡不孫以爲勇者, 惡訐以爲直者."

자공이 여쭈었다. "군자도 미워하는 게 있습니까?"
공자께서 말씀하셨다. "미워하는 게 있지. 남의 나쁜 점을 떠들어대는 것을 미워하고, 낮은 지위에 있으면서 윗사람을 헐뜯는 것을 미워하며, 용기만 있고 예의가 없는 것을 미워하고, 과감하기만 하고 꽉 막힌 것을 미워한다.
"사야, 너도 미워하는 게 있느냐?"
"남의 생각을 도둑질해서 유식한 체하는 것을 미워하고, 불손한 것을 용감하다고 여기는 것을 미워하며, 남의 비밀을 들추어내면서 정직하다고 여기는 것을 미워합니다."

子曰, "唯女子與小人爲難養也, 近之則不孫, 遠之則怨."

공자께서 말씀하셨다. "여자와 소인은 다루기가 어렵다. 가까이하면 불손해지고 멀리하면 원망을 한다."

子曰, "年四十而見惡焉, 其終也已."

공자께서 말씀하셨다. "나이 사십이 되어도 남에게 미움을
받는다면, 그런 사람은 끝난 것이다."

18. 微子

微子去之, 箕子爲之奴, 比干諫而死. 孔子曰, "殷有三仁焉."

미자는 떠나가고, 기자는 종이 되고, 비간은 간하다가 죽었다.
공자께서 말씀하셨다. "은나라에 세 사람의 인(仁)한 사람이
있었다.

柳下惠爲士師, 三黜. 人曰, "子未可以去乎?" 曰, "直道而
事人, 焉往而不三黜? 枉道而事人, 何必去父母之邦?"

유하혜가 사사 벼슬을 하다가 세 번이나 쫓겨났다. 그러자 어
떤 사람이 말하였다. "선생은 이런 나라를 떠나 버릴 만하지
않습니까?"
유하혜가 대답하였다. "도(道)를 곧게 지키며 남을 섬긴다면,
어디에 간들 세 번은 쫓겨나지 않겠습니까? 도를 굽혀 남을
섬긴다면, 굳이 부모의 나라를 떠날 필요가 있겠습니까?"

齊景公待孔子曰, "若季氏, 則吾不能, 以季孟之間待之." 曰, "吾老矣, 不能用也." 孔子行.

제나라 경공이 공자에 대한 대우에 관하여 말하였다. "계씨와 같이는 내가 대우할 수 없으니, 계씨와 맹씨의 중간 정도로 대우하겠다." 그리고는 다시 말하였다. "나는 노쇠해서, 그런 인물을 쓸 수가 없다." 이 말을 듣고 공자께서는 제나라를 떠나셨다.

齊人歸女樂, 季桓子受之, 三日不朝, 孔子行.

제나라 사람이 여자 가무단을 보내 오자, 계환자가 이를 받았다. 이들과 즐기느라 사흘이나 조회를 열지 않자, 공자께서는 노나라를 떠나셨다.

微子第十八 楚狂接輿歌而過孔子曰, "鳳兮鳳兮! 何德之衰? 往者不可諫, 來者猶可追. 已而已而! 今之從政者殆而!" 孔子下, 欲與之言. 趨而辟之, 不得與之言.

초나라의 미치광이 접여가 노래를 부르면서 공자의 앞을 지나가며 말하였다. "봉황이여! 봉황이여! 어찌 그렇게 덕이 쇠미해졌는가? 지나간 일은 바로잡을 수 없지만, 앞으로의 일은 그래도 해 볼만한 것이다. 아서라! 요즘의 정치가들은 위태롭노라."

공자께서 수레에서 내리시어 그와 더불어 이야기를 하고자
하셨으나, 종정걸음으로 피하였으므로, 그와 더불어 이야기하
지 못하셨다.

　長沮桀溺耦而耕, 孔子過之, 使子路問津焉. 長沮曰, "夫執輿
者爲誰?" 子路曰, "爲孔丘." 曰, "是魯孔丘與?" 曰, "是
也." 曰, "是知津矣." 問於桀溺. 桀溺曰, "子爲誰?" 曰,
"爲仲由." 曰, "是魯孔丘之徒與?" 對曰, "然." 曰, "滔
滔者天下皆是也, 而誰以易之? 且而與其從辟人之士也, 豈若從
辟世之士哉?" 耰而不輟. 子路行以告. 夫子憮然曰, "鳥獸不可
與同羣, 吾非斯人之徒與而誰與? 天下有道, 丘不與易也."

장저와 걸익이 나란히 밭을 갈고 있었는데, 공자께서 지나시
다가 자로를 시켜 그들에게 나루터가 어딘지 묻게 하셨다.
장저가 말하였다. "저 수레에서 고삐를 쥐고 있는 사람이 누
구신가?"
자로가 말하였다. "공구(공자)이십니다."
"바로 그 노나라의 공구이신가?"
"그렇습니다."
"그렇다면 나루터를 아실 게요."
걸익에게 물으니, 걸익이 말하였다. "선생은 누구시오?"
"중유(자로)라고 합니다."
"바로 그 노나라 공구의 제자란 말인가요?"

"그렇습니다." "큰 물이 도도히 흐르듯 천하는 모두 그렇게 흘러가는 것인데, 누가 그것을 바꾸겠소? 또한 당신도 사람을 피해 다니는 사람을 따르는 것이 어찌 세상을 피해 사는 사람을 따르는 것만 하겠소?" 그는 뿌린 씨를 흙으로 덮으며 일손을 멈추지 않았다.

　子路從而後, 遇丈人, 以杖荷蓧. 子路問曰, "子見夫子乎?" 丈人曰, "四體不勤, 五穀不分. 孰爲夫子?" 植其杖而芸. 子路拱而立. 止子路宿, 殺雞爲黍而食之, 見其二子焉. 明日, 子路行以告. 子曰, "隱者也." 使子路反見之. 至則行矣. 子路曰, "不仕無義. 長幼之節, 不可廢也, 君臣之義, 如之何其廢之? 欲絜其身, 而亂大倫. 君子之仕也, 行其義也. 道之不行, 已知之矣."

자로가 공자를 따라가다가 뒤에 쳐졌는데, 지팡이로 삼태기를 걸어 메고 가는 노인을 만났다. 자로가 물었다. "선생께서는 저희 선생님을 보셨습니까?"
노인이 말하였다. "팔다리로 부지런히 일도 하지 않고, 오곡도 분간하지 못하는데, 누가 선생님이란 말이오?" 그는 그 지팡이를 꽂아 세워 놓고는 김을 맸다. 자로가두 손을 가지런히 맞잡고 서 있자, 자로를 붙잡아 머물도록 하고는, 닭을 잡고 기장밥을 지어 먹이고 그의 두 아들을 만나 보게 하였다. 다음날 자로가 가서 그 일을 아뢰니, 공자께서 말씀하셨다.

"은자로구나." 그리고는 자로를 시켜 돌아가서 그를 만나보도록 하셨으나, 자로가 그곳에 이르니 이미 떠나 버렸다. 자로가 그 집 사람들에게 말하였다. "관직에 나가지 않는 것은 의로운 일이 아닙니다. 어른과 아이 사이의 예절도 폐기할 수 없는 것인데, 임금과 신하 사이의 도의를 어찌 폐기할 수 있겠습니까? 그것은 자신의 몸을 깨끗이 하고자 하여 큰 윤리를 어지럽히는 것입니다. 군자가 벼슬을 하는 것은 그런 도의를 행하는 것입니다. 도가 행해지지 않음은 이미 알고 있는 일입니다."

逸民, 伯夷, 叔齊, 虞仲, 夷逸, 朱張, 柳下惠, 少連. 子曰, "不降其志, 不辱其身, 伯夷 叔齊與!" 謂柳下惠少連, 降志辱身矣, 言中倫, 行中慮, 其斯而已矣. 謂虞仲夷逸, 隱居放言, 身中淸, 廢中權. 我則異於是, 無可無不可.

세상을 피해 숨어산 인재로는 백이·숙제·우중·이일·주장·유하혜·소련이 있다. 공자께서 말씀하셨다. "그 뜻을 굽히지 않고 그 몸을 욕되게 하지 않은 사람은 백이와 숙제로다. 유하혜와 소련에 대해 말하자면, 뜻을 굽히고 몸을 욕되게 하였으나, 말이 도리에 들어맞고 행동이 사리분별에 들어맞았으니, 그들은 그렇게 했을 뿐이다. 우중과 이일에 대해 말하자면, 숨어 살면서 말을 마음대로 하였으나, 처신함이 깨끗했고 세상을 버린 것이 시의적절했다. 나는 이와 달라서, 반드시 그래야만 한다는 것도 없고 그래서는 안 된다는 것도 없다."

大師摯適齊, 亞飯干適楚, 三飯繚適蔡, 四飯缺適秦, 鼓方叔入
於河, 播鼗武入於漢, 少師陽, 擊磬襄, 入於海.

태사 지는 제나라로 가고, 아반 간은 초나라로 가고, 삼반 료
는 채나라로 가고, 사반인 결은 진나라로 가고, 북치는 사람
인 방숙(方叔)은 황하로 돌아가고, 작은북을 흔들던 무(武)는
한수(漢水)로 가고, 소사 양과 경쇠를 치던 양(襄)은 바다로
갔다.

周公謂魯公曰, "君子不施其親, 不使大臣怨乎不以. 故舊無大
故, 則不棄也. 無求備於一人!"

주공이 노공에게 말하였다. "군자는 친족을 소홀히 하지 않
고, 대신들로 하여금 써 주지 않는다고 원망하게 하지 않으
며, 오래도록 함께 일해 온 사람은 큰 잘못이 않는 한 버리지
않으며, 한 사람에게 모든 능력이 갖추어져 있기를 바라지 않
는다."

周有八士, 伯達, 伯适, 仲突, 仲忽, 叔夜, 叔夏, 季隨,
季騧.

주나라에 여덟 선비가 있었으니, 백달, 백괄, 중돌, 중홀, 숙
야, 숙하, 계수, 계와가 그들이다.

19. 子張

子張曰, "士見危致命, 見得思義, 祭思敬, 喪思哀, 其可已
矣."

자장이 말하였다. "선비가 위태로운 일을 보면 목숨을 바치
고, 이득될 일을 보면 의로운 일인가를 생각하며, 제사를 지
낼 때는 공경함을 생각하고, 상을 당해서는 슬픔을 생각한다
면, 그는 선비로서의 기본적인 자격을 갖춘 것이다."

子張曰, "執德不弘, 信道不篤, 焉能爲有? 焉能爲亡?"

자장이 말하였다. "덕(德)을 지키되 폭넓지 못하고, 도(道)를
믿되 독실하지 못하다면, 어찌 있다 없다를 논할 수 있겠는
가?"

子夏之門人問交於子張. 子張曰, "子夏云何?" 對曰, "子夏
曰, '可者與之, 其不可者拒之.'" 子張曰, "異乎吾所聞, 君
子尊賢而容衆, 嘉善而矜不能. 我之大賢與, 於人何所不容? 我之
不賢與, 人將拒我, 如之何其拒人也?"

192

자하의 문인이 자장에게 사람과의 교제에 대해서 물었다. 자장이 말하였다. "자하께서는 무엇이라고 말씀하시던가?"
"자하께서는 '좋은 사람은 사귀고 좋지 않은 사람은 상대하지 말라'고 하셨습니다."
자장이 말하였다. "내가 들은 것과는 다르구나. 군자는 현명한 사람을 존경하되 일반인들도 포용하며, 선한 사람을 칭찬하되 능력이 없는 사람도 동정한다. 내가 크게 현명한 사람이라면 사람들을 어찌 포용하지 못하겠느냐? 내가 만일 현명하지 못하다면 남들이 나를 거부할 것이니, 어찌 남을 거부하겠느냐?"

子夏曰, "雖小道, 必有可觀者焉, 致遠恐泥, 是以君子不爲也."

자하가 말하였다. "비록 작은 재주라 할지라도 반드시 볼 만한 것은 있지만, (도를 추구하는) 먼 길을 가는 데 장애가 될까 염려되기 때문에 군자는 그런 것들을 하지 않는 것이다."

子夏曰, "日知其所亡, 月無忘其所能, 可謂好學也已矣."

자하가 말하였다. "날마다 자신이 알지 못하던 것을 알게 되고, 달마다 자신이 할 수 있던 것을 잊지 않는다면, 배우기를 좋아한다고 할 수 있다."

子夏曰, "博學而篤志, 切問而近思, 仁在其中矣."

자하가 말하였다. "배우기를 널리 하고 뜻을 돈독히 하며, 절실한 것을 묻고 가까운 것부터 생각한다면, 인(仁)은 그 가운데 있다."

子夏曰, "百工居肆以成其事, 君子學以致其道."

자하가 말하였다. "모든 기술자들은 작업장에 있음으로써 그들의 일을 이루고, 군자는 배움으로써 그들의 도(道)를 이룬다."

子夏曰, "小人之過也必文."

자하가 말하였다. "소인들은 잘못을 저지르면, 반드시 꾸며댄다."

子夏曰, "君子有三變, 望之儼然, 卽之也溫, 聽其言也厲."

자하가 말하였다. "군자에게는 세 가지 변화가 있다. 그를 멀리서 바라보면 위엄이 있고, 가까이서 대해 보면 온화하며, 그의 말을 들어보면 옳고 그름이 분명하다."

子夏曰, "君子信而後勞其民, 未信, 則以爲厲己也. 信而後諫, 未信, 則以爲謗己也."

자하가 말하였다. "군자는 백성들의 신뢰를 얻은 후에 그 백성들을 수고롭게 하는 것이니, 신뢰를 얻지 못했을 때는 자신들을 괴롭힌다고 여기기 때문이다. 군자는 윗사람의 신임을 받은 후에 간언을 하는 것이니, 신임을 받지 못했을 때는 자기를 비방한다고 여기기 때문이다."

子夏曰, "大德不踰閑, 小德出入可也."

자하가 말하였다. "큰 덕이 한계를 넘지 않으면, 작은 덕은 융통성을 두어도 괜찮다."

子游曰, "子夏之門人小子, 當洒掃應對進退, 則可矣, 抑末也. 本之則無如之何?" 子夏聞之, 曰, "噫! 言游過矣! 君子之道, 孰先傳焉? 孰後倦焉? 譬諸草木, 區以別矣. 君子之道, 焉可誣也? 有始有卒者, 其唯聖人乎!"

자유가 말하였다. "자하의 제자들은 물 뿌리고 비질하는 일이나, 손님 응대하는 일, 나아가고 물러나는 예절 등은 잘하지만, 그런 것은 말단이다. 근본적인 것을 따져 보면 아무것도 하는 것이 없으니 어찌하려는 것인가?"
자하가 이를 듣고서 말하였다. "아! 언유(자유)의 말이 지나

치구나! 군자의 도(道)에서 어느 것을 먼저 전하고 어느 것을
뒤에 미루어 두고 게을리 하겠는가? 이를 풀과 나무에 비유
하자면, 종류에 따라 가르침을 달리하는 것이다. 군자의 도에
서 어느 것을 함부로 하겠는가? 처음부터 끝까지 일관되게
갖추고 있는 것은 오직 성인(聖人)뿐이로다!"

子夏曰, "仕而優則學, 學而優則仕."

자하가 말하였다. "벼슬하면서 여유가 있으면 공부를 하고,
공부를 하면서 여유가 있으면 벼슬을 한다."

子游曰, "喪致乎哀而止."

자유가 말하였다. "상을 당해서는 슬픔을 다하는 데서 그쳐
야 한다."

子游曰, "吾友張也爲難能也, 然而未仁."

자유가 말하였다. "나의 벗 자장은 어려운 일을 하는 데는
능하지만 아직 인(仁)하다고는 할 수 없다."

曾子曰, "堂堂乎張也, 難與並爲仁矣."

증자가 말하였다. "당당하구나, 자장이여! 그러나 함께 인

(仁)을 행하기는 어렵겠구나."

曾子曰, "吾聞諸夫子, 人未有自致者也, 必也親喪乎!"

증자가 말씀하셨다. "내가 선생님께 들으니 '(평소에) 스스로 성의를 다하는 사람은 없지만, 부모의 상사(喪事)에는 반드시 성의를 다해야 하느니라!' 라고 하셨다."

曾子曰, "吾聞諸夫子, 孟莊子之孝也, 其他可能也, 其不改父之臣與父之政, 是難能也."

증자가 말하였다. "내가 선생님께 들으니 '맹장자의 효도 중에서 다른 것은 가능할지라도, 아버지의 신하들과 정책을 바꾸지 않았던 것은 정말로 하기 어려운 일이다' 라고 하셨다."

孟氏使陽膚爲士師, 問於曾子. 曾子曰, "上失其道, 民散久矣. 如得其情, 則哀矜而勿喜!"

맹씨가 양부를 사사로 삼자, (양부가) 증자에게 할 일을 의논하였다. 이에 증자가 말하였다. "윗사람들이 도(道)를 잃어 민심이 흩어진지 오래되었다. 만일 범죄의 진상을 알아냈다 하더라도, 슬퍼하고 동정해야지 기뻐해서는 안 된다."

子貢曰, "紂之不善, 不如是之甚也. 是以君子惡居下流, 天下之惡皆歸焉."

자공이 말하였다. "주왕의 못된 성품이 전해지는 것처럼 그렇게 심한 것은 아니었다. 그래서 군자는 낮은 곳에 머물기를 싫어하는 것이니, 천하의 악이 모두 그에게로 돌아가기 때문이다."

子貢曰, "君子之過也, 如日月之食焉, 過也, 人皆見之, 更也, 人皆仰之."

자공이 말하였다. "군자의 잘못은 일식이나 월식과 같다. 잘못을 하면 사람들이 모두 그를 바라보고, 잘못을 고치면 사람들이 모두 그를 우러러본다."

衛公孫朝問於子貢曰, "仲尼焉學?" 子貢曰, "文武之道, 未墜於地, 在人. 賢者識其大者, 不賢者識其小者. 莫不有文武之道焉. 夫子焉不學? 而亦何常師之有?"

위나라의 공손조가 자공에게 물었다. "중니(공자)는 어디에서 배웠나요?"
자공이 말하였다. "문왕과 무왕의 도(道)가 아직 땅에 떨어지지 않고 사람들에게 남아 있습니다. 현명한 자는 그 중에서 큰 것을 기억하고 현명하지 못한 자는 그중 작은 것을 기억

하고 있으니, 문왕과 무왕의 도는 없는 데가 없습니다. 그러
니 선생님께서 어디어선들 배우지 않으신 데가 있으시겠습니
까? 또한 어찌 일정한 스승이 있으시겠습니까?"

叔孫武叔語大夫於朝曰, "子貢賢於仲尼." 子服景伯以告子貢.
子貢曰, "譬之宮牆, 賜之牆也及肩, 闚見室家之好. 夫子之牆數
仞, 不得其門而入, 不見宗廟之美, 百官之富. 得其門者或寡矣.
夫子之云, 不亦宜乎!"

숙손무숙이 조정에서 대부들에게 말하기를 "자공이 중니(공
자)보다 현명하다"라고 하였다. 자복경백이 이 말을 자공에
게 알려주자, 자공이 말하였다. "궁실의 담에 비유하자면 나
의 담은 어깨 정도의 높이이므로 집안의 좋은 것들을 엿볼
수 있지만, 선생님의 담은 몇 길이나 되므로 그 문을 찾아내
서 들어가지 못하면 종묘의 아름다움과 많은 관리들의 풍성
함을 볼 수가 없습니다. 그 문을 찾아낸 사람은 아마도 적을
것입니다. 그러니 그 분이 그렇게 말씀하시는 것도 또한 당연
하지 않겠습니까?"

叔孫武叔毁仲尼. 子貢曰, "無以爲也! 仲尼不可毁也. 他人之
賢者, 丘陵也, 猶可踰也, 仲尼, 日月也, 無得而踰焉. 人雖欲自
絶, 其何傷於日月乎? 多見其不知量也."

숙손무숙이 공자를 헐뜯자, (이를 전해 들은) 자공이 말하였

다. "그래야 소용없다. 선생님은 헐뜯을 수가 없다. 다른 사람의 현명함이란 언덕과 같은 것이라서 그래도 넘어갈 수 있지만, 선생님은 해·달과 같으셔서 넘어갈 수가 없다. 사람들이 스스로 관계를 끊고자 한다 해도, 그것이 해·달에게 무슨 소용이 되겠는가? 다만 자신의 분수 모름을 드러낼 뿐이다."

陳子禽謂子貢曰, "子爲恭也, 仲尼豈賢於子乎?" 子貢曰, "君子一言以爲知, 一言以爲不知, 言不可不愼也. 夫子之不可及也, 猶天之不可階而升也. 夫子之得邦家者, 所謂立之斯立, 道之斯行, 綏之斯來, 動之斯和. 其生也榮, 其死也哀, 如之何其可及也?"

진자금이 자공에게 말하였다. "선생께서 겸손해서 그렇지, 중니가 어찌 선생보다 현명하겠습니까?" 자공이 말하였다. "군자는 한 마디의 말로 지혜롭다고 여겨지기도 해도, 한 마디의 말로 지혜롭지 않다고 여겨지기도 하므로, 말을 신중히 하지 않으면 안 됩니다. 선생님에게 미칠 수 없는 것은 마치 하늘에 사다리를 놓고 올라갈 수 없는 것과 같습니다. 선생님께서 나라를 맡아 다스리실 경우에는, 말 그대로 백성들을 세워주면 곧 서고, 그들을 이끌어 주면 곧 그 길로 가며, 그들을 안정시켜주면 곧 따라 오고, 그들을 움직이게 하면 곧 화목해지게 됩니다. 그분은 살아서는 영광을 누리시고, 돌아가셔서는 애도를 받으실 것이니, 어떻게 그분께 미칠 수 있겠습니까?

20. 堯曰

堯曰, "咨! 爾舜! 天之曆數在爾躬, 允執其中. 四海困窮, 天祿永終." 舜亦以命禹. 曰, "予小子履敢用玄牡, 敢昭告于皇皇后帝, 有罪不敢赦. 帝臣不蔽, 簡在帝心. 朕躬有罪, 無以萬方, 萬方有罪, 罪在朕躬." 周有大賚, 善人是富. "雖有周親, 不如仁人. 百姓有過, 在予一人." 謹權量, 審法度, 脩廢官, 四方之政行焉. 興滅國, 繼絶世, 擧逸民, 天下之民歸心焉. 所重, 民食喪祭. 寬則得衆, 信則民任焉, 敏則有功, 公則說.

요임금께서 말씀하셨다. "아아, 그대 순이여! 하늘의 정해진 뜻이 바로 그대에게 와 있으니, 진실로 중용의 도를 지키도록 하라. 천하가 곤궁해지면 하늘이 내려 주신 천자의 자리도 영원히 끊어질 것이다."
순임금도 또한 이 말씀으로 우임금에게 명하셨다.
탕임금이 말씀하셨다. "소자 리는 감히 검은 황소를 바치며, 감히 위대하신 거룩하신 하느님께 밝게 아룁니다. 죄 있는 사람은 감히 용서하지 않겠으며, 하느님의 신하는 그 능력을 숨기지 않겠으며, 모든 일은 하느님의 뜻에 따라 행하겠습니다.

제 몸에 죄가 있다면 그것은 세상 백성들 때문이 아니지만, 세상 백성들에게 죄가 있다면 그 죄는 저 자신에게 있는 것입니다."

(은나라를 정벌한 후) 주나라에서 크게 은혜가 베풀어져, 착한 사람들이 부유해졌다.

(무왕은 말하기를) "(주에게) 비록 지극히 가까운 친척은 있었을지라도, 어진 사람이 있는 것만은 못한 것이다"라고 하였다. 또한 "백성들에게 허물이 있다면 그 책임은 나 한 사람에게 있는 것이다"라고 하였다.

도량형을 신중히 바로잡고, 법도를 점검하고, 폐지했던 관직들을 정비하여, 사방의 정치가 행해지게 되었다. 멸망했던 성현들의 나라를 다시 일으키고, 끊어졌던 성현들의 집안에 대를 이어주고, 은거하며 살던 인물들을 등용하니, 천하의 백성들이 진심으로 따르게 되었다.

소중히 여기는 것은 바로 백성들의 양식과 상사(喪事)와 제사였다. 관대하게 대하면 많은 사람들을 얻게 되고, 신의가 있으면 백성들이 믿고 따르게 된다. 민첩하게 하면 공을 이루게 되고, 공정하게 하면 사람들이 기뻐하게 된다.

  子張問於孔子曰, "何如斯可以從政矣?" 子曰, "尊五美, 屛四惡, 斯可以從政矣." 子張曰, "何謂五美?" 子曰, "君子惠而不費, 勞而不怨, 欲而不貪, 泰而不驕, 威而不猛." 子張曰, "何謂惠而不費?" 子曰, "因民之所利而利之, 斯不亦惠而不費乎? 擇可勞而勞之, 又誰怨? 欲仁而得仁, 又焉貪? 君子無衆

寡，無小大，無敢慢，斯不亦泰而不驕乎? 君子正其衣冠, 尊其瞻
視, 儼然人望而畏之, 斯不亦威而不猛乎?" 子張曰, "何謂四
惡?" 子曰, "不敎而殺謂之虐, 不戒視成謂之暴, 慢令致期謂之
賊, 猶之與人也, 出納之吝謂之有司."

자장이 공자께 여쭈었다. "어떻게 하면 정치에 종사할 수 있
습니까?"
공자께서 말씀하셨다. "무엇을 다섯 가지 미덕이라 합니
까?" 공자께서 말씀하셨다. "군자는 은혜를 베풀되 낭비하
지 않고, 수고롭게 일을 시키면서도 원망을 사지 않으며, 뜻
을 이루고자 하면서도 탐욕은 부리지 않고, 넉넉하면서도 교
만하지 않으며, 위엄이 있으면서도 사납지 않은 것이다."
자장이 말하였다. "어떤 것을 가리켜 은혜를 베풀되 낭비하
지 않는다고 합니까?" 공자께서 말씀하셨다. "백성들이 이
롭게 여기는 것에 따라서 백성들을 이롭게 한다면, 이것이 곧
은혜를 베풀되 낭비하지 않는 것이 아니냐? 애서 할 만한 일
을 가려서 수로롭게 일하게 한다면, 또한 누가 원망을 하겠느
냐? 인을 실현고자 하여 인(仁)을 이룬다면, 또 어찌 탐욕스럽
다 하겠느냐? 군자가 많든 적든, 작든 크든 간에 감히 소홀하
게 하지 않는다면, 이것이 곧 넉넉하되 교만하지 않은 것이
아니겠느냐? 군자가 의관(衣冠)을 바르게 하고 시선을 위엄있
게 하여, 엄숙한 모습으로 사람들이 바라보고는 그를 어려워
한다면, 이것이 곧 위엄은 있으되 사납지 않은 것이 아니겠느
냐?"

자장이 말하였다. "무엇을 네 가지 악덕이라고 합니까?" 공자께서 말씀하셨다. "가르쳐 주지도 않고서 잘못했다고 죽이는 것을 학대한다고 하고, 미리 주의를 주지도 않고서 결과만 보고 판단하는 것을 포악하다고 하며, 명령을 내리는 것은 태만히 하면서 기일만 재촉하는 것을 해친다고 하고, 사람들에게 고르게 나누어 주어야 함에도 출납을 인색하게 하는 것을 올졸한 벼슬아치라고 한다."

孔子曰, "不知命, 無以爲君子也, 不知禮, 無以立也, 不知言, 無以知人也."

공자께서 말씀하셨다. "천명(天命)을 알지 못하면 군자가 될 수 없고, 예(禮)를 알지 못하면 세사에 당당히 나설 수 없으며, 말하는 법을 알지 못하면 사람의 진면목을 알 수가 없다."

논어와 삶의 지혜

초판 발행 2023년 8월 25일

지은이   정태성
펴낸이   도서출판 코스모스
펴낸곳   도서출판 코스모스
주소 충북 청주시 서원구 신율로 13
전화 043-234-7027
팩스 043-237-5501

ISBN   979-11-91926-64-4

값 12,000원